国家自然科学基金青年项目（NO.71904113）
陕西师范大学"一带一路"专项科研项目（NO.22YD）
陕西师范大学中央高校基本科研专项项目（NO.24ZYY）
教育部人文社会科学基金（NO.19YJC790045）
陕西师范大学优秀学术著作出版资助

文化距离与跨国并购企业技术创新

贾妮莎 ◎ 著

企业管理出版社
ENTERPRISE MANAGEMENT PUBLISHING HOUSE

图书在版编目（CIP）数据

文化距离与跨国并购企业技术创新 / 贾妮莎著. —北京：企业管理出版社，2024.8
ISBN 978-7-5164-2925-9

Ⅰ.①文… Ⅱ.①贾… Ⅲ.①企业兼并 – 跨国兼并 – 技术革新 – 研究 Ⅳ.① F276.7

中国国家版本馆 CIP 数据核字（2023）第 185598 号

书　　　名：	文化距离与跨国并购企业技术创新
书　　　号：	ISBN 978-7-5164-2925-9
作　　者：	贾妮莎
特约策划：	唐琦林
策　　划：	杨慧芳
责任编辑：	李雪松　周一方
出版发行：	企业管理出版社
经　　销：	新华书店
地　　址：	北京市海淀区紫竹院南路 17 号　邮编：100048
网　　址：	http://www.emph.cn　电子信箱：314819720@163.com
电　　话：	编辑部（010）68420309　发行部（010）68417763　68414644
印　　刷：	北京亿友数字印刷有限公司
版　　次：	2024 年 8 月第 1 版
印　　次：	2025 年 8 月第 2 次印刷
开　　本：	710mm × 1000mm　1/16
印　　张：	12.75 印张
字　　数：	200 千字
定　　价：	78.00 元

版权所有　翻印必究·印装有误　负责调换

前言

在全球经济一体化加速与新兴经济体崛起的背景下,跨国并购成为企业发展、获取资源及提升创新实力的关键途径。发展中国家企业的并购活跃度持续攀升,在全球企业并购中的占比显著增长,对全球资本流动的作用愈发重要。这一趋势既体现了新兴经济体企业全球影响力的增强,也反映出它们对国际资源和技术的迫切需求。

文化距离作为衡量国家或地区间文化差异的核心概念,是国际商务研究的重要议题。它不仅影响企业跨国经营的战略决策与组织管理,更对技术创新活动产生复杂深远的影响:一方面,文化多样性可能催生创新思路,激发创新活力;另一方面,过大的文化距离会引发沟通障碍与价值观冲突,增加运营和创新成本。这种双重影响使得探究文化距离与跨国并购企业技术创新的关系变得尤为必要且紧迫。

本书基于上述现实与理论背景,开展系统深入的研究。全面梳理文化距离概念的发展脉络,从起源、发展到不同学术流派的演变,呈现完整的理论演进路径;同时细致回顾中国企业跨国并购实践的历史进程,从改革开放初期的萌芽探索,到加入世贸组织后的快速发展,再到当前高质量发展阶段的战略转型,清晰勾勒发展轨迹。通过分析当前态势及全球分布特征,直观展现中国企业在全球跨国并购市场中的地位与布局,提炼典型事实,为后续研究奠定基础。

本书创新性地分解并购企业在跨国整合中知识资源与技术能力的"转移——消化——整合——运用"动态过程,深入剖析文化距离在各环节对创新决策与绩效的复杂作用机理,从微观层面揭示影响路径:在知识转移环节,文化距离可能影响传递的准确性与效率;消化环节,文化背景差异导致员工对新知识的理解接受程度不同;整合环节,文化冲突可能阻碍知识技术的有效融合;运用环节,文化价值观影响创新成果的商业化应用。

为增强研究的科学性与说服力,本书采用严谨的计量经济学方法,运用翔实的企业层面面板数据进行实证分析。通过构建科学计量模型,系统检验文化距离对跨国并购企业创新活动的多维影响及内在机制,从研发投入强度、研发产出效率、专利数量与质量、创新项目成功率及产品市场竞争力等维度全面考察。研究显示,文化距离总体上显著抑制中国跨国并购企业的创新活力,即距离越大,研发投入强度和产出效率越低;但文化距离的不同维度(如权力距离、不确定性规避、个人主义/集体主义等)对技术创新的影响路径和强度存在显著异质性,这一发现打破了以往将文化距离视为单一整体的研究局限,为企业制定针对性创新策略提供精准依据。

同时,本书探讨企业内部因素(如所有权性质)与外部环境因素(如东道国经济自由度、制度环境质量)的调节作用。研究表明,民营企业因组织架构和决策机制更灵活,受文化距离的负面影响相对较小;东道国良好的法治水平与产权保护制度,能有效减弱文化距离对创新的抑制效应。此外,不同经济发展水平、文化圈层和区域特性的东道国,文化距离的影响方向与程度呈现明显异质性,意味着企业需根据东道国具体情况制定差异化创新战略。

本书研究成果具有重要的理论贡献与实践价值。理论上,构建完整的文化距离影响跨国并购企业技术创新的理论框架,丰富完善国际商务领域相关研究体系。实践上,为政策制定者和企业管理者提供科学务实的指导:政策制定者可据此完善法规,搭建文化服务体系,营造有利外部环境;企业管理者可在并购前进行充分文化评估,制定合理整合策略,并购后有效管理文化冲突,提升创新绩效。

  本书的顺利出版,离不开众多人士的支持与协助。特别感谢杨智豪、徐浩然、张飞羿、曹公瑾、冯杏等同学在数据收集、文献整理、文字校对等方面的辛勤付出,也衷心感谢学术道路上老师和同学们的宝贵支持与无私帮助。鉴于时间精力所限,书中疏忽之处在所难免,敬请广大读者批评指正、不吝赐教。希望本书能为中国企业在跨国并购中实现技术创新突破提供有益借鉴,为推动我国经济高质量发展贡献绵薄之力。

目 录

第一章 导 言

第一节 研究背景及意义 …………………………………… 002
  一、研究背景 ………………………………………… 002
  二、研究意义 ………………………………………… 003

第二节 相关概念阐述 ……………………………………… 005
  一、文化距离 ………………………………………… 005
  二、企业跨国并购 …………………………………… 006
  三、企业创新 ………………………………………… 006

第三节 研究内容、目标及方法等 ………………………… 007
  一、研究内容 ………………………………………… 007
  二、研究目标 ………………………………………… 007
  三、研究方法 ………………………………………… 009
  四、本书创新方向 …………………………………… 011

第二章 文献综述

第一节 文化特征的测度 …………………………………… 016
第二节 跨国并购对企业技术创新的影响研究 …………… 019

第三节　文化距离对跨国并购企业的影响研究⋯⋯⋯⋯⋯⋯ 026

第三章　文化距离与中国企业跨国并购发展历程及现状分析

第一节　文化距离现状分析 ⋯⋯⋯⋯⋯⋯⋯⋯⋯⋯⋯⋯⋯⋯ 034
第二节　中国企业跨国并购发展历程及现状⋯⋯⋯⋯⋯⋯⋯⋯ 037
　　一、中国企业跨国并购发展历程 ⋯⋯⋯⋯⋯⋯⋯⋯⋯⋯ 037
　　二、中国企业跨国并购的现状分析与挑战应对 ⋯⋯⋯⋯ 040
　　三、发展展望与政策建议 ⋯⋯⋯⋯⋯⋯⋯⋯⋯⋯⋯⋯ 066

第四章　文化距离对跨国并购企业创新影响的实证分析

第一节　研究设计 ⋯⋯⋯⋯⋯⋯⋯⋯⋯⋯⋯⋯⋯⋯⋯⋯⋯⋯ 070
第二节　文化距离影响跨国并购企业创新的作用机理及调节作用⋯ 071
　　一、作用机理 ⋯⋯⋯⋯⋯⋯⋯⋯⋯⋯⋯⋯⋯⋯⋯⋯⋯ 072
　　二、调节作用 ⋯⋯⋯⋯⋯⋯⋯⋯⋯⋯⋯⋯⋯⋯⋯⋯⋯ 078
第三节　实证设计 ⋯⋯⋯⋯⋯⋯⋯⋯⋯⋯⋯⋯⋯⋯⋯⋯⋯⋯ 080
　　一、变量选取 ⋯⋯⋯⋯⋯⋯⋯⋯⋯⋯⋯⋯⋯⋯⋯⋯⋯ 080
　　二、数据来源与样本选择 ⋯⋯⋯⋯⋯⋯⋯⋯⋯⋯⋯⋯ 083
　　三、模型设定 ⋯⋯⋯⋯⋯⋯⋯⋯⋯⋯⋯⋯⋯⋯⋯⋯⋯ 085
　　四、描述性统计 ⋯⋯⋯⋯⋯⋯⋯⋯⋯⋯⋯⋯⋯⋯⋯⋯ 086
第四节　实证结果分析 ⋯⋯⋯⋯⋯⋯⋯⋯⋯⋯⋯⋯⋯⋯⋯⋯ 087
　　一、基础检验 ⋯⋯⋯⋯⋯⋯⋯⋯⋯⋯⋯⋯⋯⋯⋯⋯⋯ 087
　　二、调节效应检验 ⋯⋯⋯⋯⋯⋯⋯⋯⋯⋯⋯⋯⋯⋯⋯ 096
　　三、分样本检验 ⋯⋯⋯⋯⋯⋯⋯⋯⋯⋯⋯⋯⋯⋯⋯⋯ 107
　　四、稳健性检验 ⋯⋯⋯⋯⋯⋯⋯⋯⋯⋯⋯⋯⋯⋯⋯⋯ 124

第五节　本章小结 ……………………………………………… 126

第五章　语言距离对跨国并购企业创新影响的实证分析

第一节　研究设计 ……………………………………………… 128
第二节　语言距离的影响机制和调节作用 …………………… 130
  一、认同效应的影响机制 ………………………………… 130
  二、互补效应的影响机制 ………………………………… 131
  三、经济自由度的调节作用 ……………………………… 133
  四、东道国制度环境的调节作用 ………………………… 133

第三节　实证设计 ……………………………………………… 135
  一、模型设定 ……………………………………………… 135
  二、变量选取 ……………………………………………… 136
  三、描述性统计 …………………………………………… 140

第四节　实证结果分析 ………………………………………… 143
  一、基础检验 ……………………………………………… 143
  二、机制检验 ……………………………………………… 146
  三、调节效应检验 ………………………………………… 154
  四、分样本检验 …………………………………………… 156

第五节　稳健性检验 …………………………………………… 164
  一、测度误差 ……………………………………………… 164
  二、其他控制变量检验 …………………………………… 167
  三、其他内生性问题 ……………………………………… 169

第六节　本章小结 ……………………………………………… 170

第六章　研究结论与未来展望

第一节　研究结论 …………………………………………… 172
第二节　未来展望 …………………………………………… 174
  一、国家层面 ……………………………………… 174
  二、企业层面 ……………………………………… 174

参考文献 ………………………………………………… 176

第一章

导　言

第一节 研究背景及意义

一、研究背景

在贸易保护主义不断强化的背景下,通过跨国并购获取逆向技术外溢以促进中国技术创新已成为中国企业积极"走出去"的动力之一(毛其淋等,2014;蒋冠宏等,2013;赵宸宇等,2017)。从中国企业跨国并购的经验来看,国家间在文化、商业实践方面的差异使得以跨国并购促进中国技术创新并非易事(Danny et al.,2012)。主观上来看,不同于国内并购,企业跨国并购后面临两个以上"文化圈"的交流碰撞及文化多样性带来的壁垒,进一步影响逆向技术外溢和经济收益,最终作用于公司的技术创新。事实上,跨国并购中企业在商业实践方面的不足可通过经验的不断积累和学习得以弥补,进而获取逆向技术外溢,促进公司技术创新。文化的差异却难以趋同,在多极多元的国际格局中,文化的地位明显上升,尤其随着中国持续推进共建"一带一路",西方发达国家对文化差异和集体认同建构表现出高度的关注。例如,欧洲国家个别领导人认为"中国的'一带一路'政策有违市场原则";美的集团收购德国以"机器人制造"领先全球的库卡集团时遭遇德国政商界及民众的层层阻碍。这种涉及两个以上"文化圈"的交流碰撞及文化多样性带来的壁垒,成为影响中国跨国并购企业经济效应和技术创新的关键因素之一。基于此,本书考察文化距离对跨国并购企业技术创新的作用机制及影响因素,进而探索促进跨国并购企业技术创新的政策设计。

二、研究意义

具体而言，本书拟研究的关键事项如下。①理论方面，在跨国公司结构框架下，融合文化差异理论和企业资源整合理论两类经济理论，对文化距离中的文化互补效应（正向作用）、文化认同效应（负向作用）在跨国并购企业技术创新中的作用机制进行数理建模，构建文化距离对跨国并购企业技术创新影响的分析框架。此外，构建对与企业跨国投资后各类资源整合密切相关的其他因素（如企业所有制、东道国制度环境）对上述机制调节作用的理论解释框架。②实证上，定量评估文化距离对跨国并购企业技术创新的影响，包括作用大小、作用机制、异质性影响及其他因素的调节效应。③在政策实践上，根据理论和实证研究结论，搭建更为科学、理性、务实的企业跨国并购实践指导政策体系，制定全球化市场战略。科学处理以上研究事项，不但具有创新性，还具有理论和实践方面的双重意义。

（一）理论意义

首先，本书为跨国并购企业技术创新的研究提供了崭新视角，探究文化距离影响跨国并购企业技术创新的作用机制。以往关注跨国并购企业技术创新的研究重在探讨如何促进逆向技术外溢（Nocke et al.，2007；赵晶等，2013），以及如何提高中国企业逆向技术承接力（李梅、柳士昌，2012），但是甚少研究文化特征如何影响上述两个方面。本书强调的是跨国并购企业必然涉及的文化融合，正视企业跨国并购后不同文化之间的冲突、交融现象，这些文化因素作用于企业并购后的资产、技术、人员协调整合过程，进而影响技术创新，有望丰富现有的国际经济学理论研究。

其次，本书可为从微观视角研究文化交流的纵深维度提供明晰的理论分析框架，有助于行为经济理论和跨国公司理论更好地融合。跨国并购企业的经济效应是行为经济理论和跨国公司理论共同关注的重要问题。在跨国公司研究领域，对该问题的研究最早可追溯到巴克利和卡森（1976）基于"中间产品"市场不完全提出的"市场内部化"跨国直接投资理论、小岛清（1978）的"边际产业扩张论"等经典理论。行为经济理论强调心理、文化等非经济特征在跨国并购企业中会产生相应的国家间文化融合、心理融合的成本和收益，进而会影响跨国并购企业的并购行为及其经济效应。因为两类理论及其各自所属学科发展存在研究范式的差异，所以两类理论的结合点仅有文化距离对企业跨国并购行为的影响及其风险得到大量学者的验证（Li et al., 2013；赵龙凯等，2014；蒋冠宏，2015；杨勇等，2018），文化距离对跨国并购企业技术创新的影响鲜有学者关注。

本书将行为经济理论纳入跨国公司理论的分析框架，着重分析国家间文化距离对跨国并购企业技术创新的影响，有助于加深读者对跨国企业经济效应表现的理解。两类理论的更好融合能够为促进企业国际化和企业技术创新提供更多研究视角和方法。

（二）实践意义

首先，本书厘清了文化距离影响跨国并购企业技术创新的作用机制和条件，并为跨国并购企业如何化解文化冲突的负向效应、强化文化融合的正向效应以促进技术创新提供了一定经验证据。一方面，本书重视文化距离对技术创新影响的互补效应和认同效应，验证了文化距离对技术创新的影响，有助于企业充分认识到跨国并购后面临的文化整合问题对企业绩效的影响，从而为我国企业在商业经验不足的约束下选择适合自身的文化距离的跨国并购，提供经验证据补充和有价值的参考；另一方面，本书在主体理论构建和实证分析中进一步考虑到如企业所有制属性、东道国制度环境等与并购后资产、人员、技术整合紧密相关的其他其次，本书探讨文化距离对跨国并购企业技术创新的调节作用，能够为进一步推动跨国并购企业的技术创新提供一定的指引。在"走出去"和"一带一路"背景下，大量企业选择跨国并购，但由于经验、战略意识的不足，不少企业跨国并购以失败告终。为了弥补这些客观条件缺陷，作为辅助方和有力的支持者，政府部门应当尽量为企业"走出去"提供科学指导及战略支撑。在经济全球化的背景下，企业所有制、东道国制度环境均能影响文化距离对跨国并购企业的技术创新作用。因而厘清这两类因素的影响，探讨这两类因素作用下文化距离的作用效应，能够为政府寻求新的政策着力点，以及为政府针对全面"走出去"以带动中国企业产业升级、技术创新制定政策提供新思路。

第二节 相关概念阐述

一、文化距离

本书研究的文化距离是指在中国跨国并购企业中，并购方代表的中国与目标方代表的东道国之间存在文化上的差异程度。这种差异不仅会对并购企业的经营行为和管理规范产生影响，还可能导致并购双方在战略导向、组织架构等关键层面存在差异。以往的研究是选取中国或东道国的文化作为研究指标，没有体现双方文化的差异程度。对于跨国并购所涉及的文化距离来说，过度简化的研究，很难明晰其各个不同维度对跨国并购企业创新的作用机理，也无法对现有的研究悖论做出合理的解释。因此，有必要在现有研究基础和文化距离具体维度上开展更深层次的研究。本研究以中国跨国并购企业作为研究样本，考察文化距离的"非对等性"和"非对称性"对跨国并购企业技术创新的作用机理。

二、企业跨国并购

本书认为，企业跨国并购应该包含以下特征：①跨国并购涉及并购方和目标方两个主体；②并购方和目标方的母公司处于不同国家文化背景下；③并购所收购的股权必须达到一定比例，主并购方能够控制参与决策目标方企业的生产经营活动。

跨国并购能使企业获取所需的外部核心资源——技术研发能力和品牌效应，并重新整合配置，进而实现协同效应，最终达成创新效果。跨国并购是重要的利用"学习效应"的机会，并购双方处于不同文化背景之下，意味着并购方企业可以与拥有不同国家文化、管理经验和市场知识的企业相结合，这对于后发国家的企业来说更为关键，跨国并购能够在短时间内获得目标方的知识专利和品牌价值，通过转移、消化、整合、运用新知识，提高自主创新能力。本书以中国跨国并购企业为样本，探究文化距离是否促进了并购企业自身创新。

三、企业创新

企业创新是一种连续行为，涵盖技术研发、运用、生产的全过程。真正的跨国并购企业创新，不仅涉及前期研发投入工作，还需要跨国并购企业完成对产品技术的吸收、融合和再创造，实现研发产出的增加。本书考察的企业创新主要包括企业的研发投入过程和研发产出过程，进而帮助读者全面理解文化距离对跨国并购企业创新的影响。为此，本书提出研发投入和研发产出创新分流程研究，整体研究创新产生路径。

第三节 研究内容、目标及方法等

一、研究内容

本书探究文化距离对跨国并购企业技术创新的影响，主要内容由以下4个具有递进关系的阶段构成，其中阶段一探测文化距离与跨国并购企业技术创新的典型事实；阶段二基于初步特征事实，构建文化距离影响跨国并购企业技术创新的理论框架，提出本研究的理论假设；阶段三逐一验证理论假设，实证检验文化距离对跨国并购企业技术创新的作用机制及影响因素；阶段四为结论展望部分，运用理论和实证结论方式，从企业和政府两个主体的角度出发，提出优化和促进我国跨国并购企业技术创新的路径和政策建议。

本书采用文献综述——特征识别——理论分析——实证研究——结论展望的递进思路，具体研究思路如图1-1所示。

二、研究目标

第一，在理论层面上，为探究文化距离对跨国并购企业创新的影响提供一个较为系统可行的理论分析框架。本书主要将行为经济理论融入跨国企业理论，将企业跨国并购后，由于文化距离产生的资产、技术、人员整合中的额外成本和额外收益，纳入跨国企业的技术创新理论分析框架：从文化距离中的"互补效应"和"认同效应"着手，进一步构建理论模型来分析文化距离影响跨国并购企业技术创新的作用机制。此外，还将语言距离纳入文化测度的另一个维度，探究语言距离对跨国并购企业技术创新的影响。

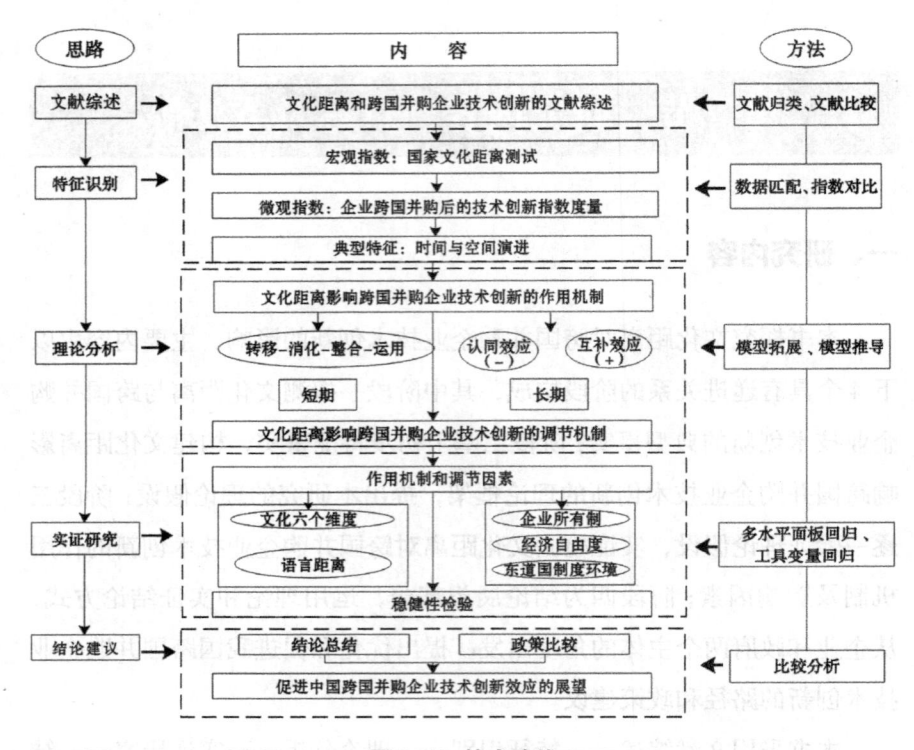

图 1-1 技术路线

第二，在实证层面上，为文化距离影响跨国并购企业技术创新的作用大小、影响机制及调节作用提供系统可靠的定量评估。本书运用前期整理的数据，力求结合多种稳健的实证方法，对文化距离与跨国并购企业的技术创新状况展开全方位的统计描述，分析二者的时间趋势和空间分布，总结二者的典型特征事实，并在本书构建的理论框架下系统地检验文化距离对跨国并购企业技术创新的作用机制，因企业属性和投资方式异质性而呈现出的差异性影响，以及其他与跨国并购企业技术创新相关的特征（企业所有制、经济自由度、东道国制度环境）对上述文化距离的技术创新效应的调节作用。

第三，在实践层面上，总结和提炼化解文化差异负向效应，以促进跨国并购企业技术创新的有效路径和实践层面的政策指导体系，为促进中国跨国并购企业的技术创新提供理论依据和政策参考。我国不少跨国并购企业对自身情况、投资项目的情况及东道国制度文化缺乏深入了解，并购后期容易陷入"交易容易整合难"的局面，没有获得足够的逆向技术外溢，可能会导致国有资产流失。在此背景下，本书的研究结论大致体现在两方面。一方面，可以为企业根据自身状况及跨国并购后的资产、技术、人员整合状况，选择最优的并购方式、并购地点以化解文化差异中的"认同效应"，强化"互补效应"，促进技术创新提供理论和经验支持；另一方面，可以为政府搭建更为科学、理性、务实的企业跨国并购实践指导政策体系和布局全球的中华文化融合战略提供政策参考和理论支撑。

三、研究方法

（一）文献解析和数据统计描述相结合

首先，跟踪与本研究相关的经典文献和最新文献，文献范围主要包括国内外有关文化距离、企业跨国并购，以及与企业技术创新紧密相关的理论和实证文献，了解、研究发展脉络和前沿问题。解析文献的方法包括对比法（文献间的横向对比与纵向对比）、吸收法（从国内外经典文献和最新文献中吸取可供本书研究采用的理论、模型、方法及数据）等。其次，数据统计描述方法包括变量均值比较、分组变量累计分布函数图比较等，可实现对相关变量特征的全面描述，总结文化距离与跨国并购企业技术创新变化的典型事实。具体描述包括企业跨国并购后的技术创新变动与文化距离，以及企业所有制属性、东道国经济自由度、东道国制度环境从中起到的调节作用。

（二）理论推导与实证检验相结合

本书主要在行为经济理论和跨国公司理论框架下，首先构建文化距

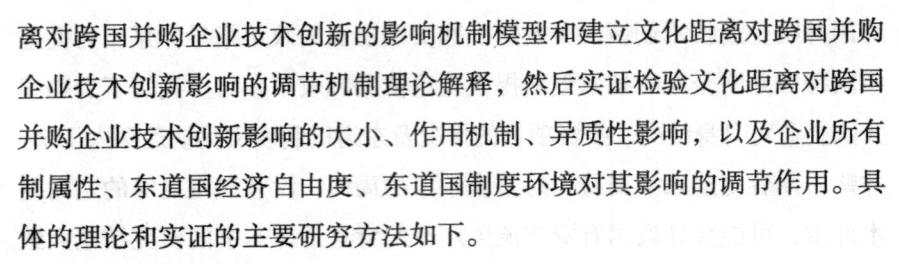

离对跨国并购企业技术创新的影响机制模型和建立文化距离对跨国并购企业技术创新影响的调节机制理论解释,然后实证检验文化距离对跨国并购企业技术创新影响的大小、作用机制、异质性影响,以及企业所有制属性、东道国经济自由度、东道国制度环境对其影响的调节作用。具体的理论和实证的主要研究方法如下。

(1)理论研究方面。

第一,构建文化距离对技术创新的影响机制模型,基于理论框架中论述的文化距离的互补效应(正向效应)及其作用长期性、认同效应(负向效应)及其作用短期性,以及通过前期的反复尝试。本书将技术创新具体化为投资后的经济收益,构建文化距离影响跨国并购企业技术创新模型。第二,建立文化距离对跨国并购企业技术创新影响的调节机制的理论解释,将企业所有制、经济自由度、东道国制度环境这些客观条件与企业跨国并购后的技术、资产、人员整合及协同效应联系起来,探讨企业所有制、经济自由度、东道国制度环境这3种因素对文化距离影响技术创新的调节作用。

(2)实证研究方面。

本书主要采用较为前沿的多水平面板模型,以识别国家层面的文化距离对跨国并购企业技术创新的影响,同时在基础模型中加入平方项进行作用机制长短期的识别。

(3)影响因素方面。

本书运用交乘项识别企业所有制、经济自由度和东道国制度环境对文化距离的技术创新效应的调节作用。

此外,在稳健性检验中,本书采用多指标测算法,对实证中涉及的关键变量(文化距离、语言距离、技术创新)进行测度,以实施稳健性检验;同时,在后续分析中,也会采用样本分期的思路从时间上进行控制,后续研究还将采用工具变量回归方法等进行稳健性测试。

（三）理论分析和政策设计相结合

构建文化差异作用促进跨国并购企业技术创新的有效路径和实践政策指导体系，是本书重要的研究目标之一。首先，本书通过构建文化距离影响跨国并购企业技术创新的理论分析框架，实证检验文化距离对跨国并购企业技术创新的影响。这一过程考虑了促进跨国并购企业技术创新的最佳文化距离，以及企业所有制属性和东道国制度环境差异带来的文化距离，对跨国并购企业技术创新的调节作用。其次，根据理论和实证研究进行政策设计，可以较好地实现理论分析与政策建议的有效衔接，为政策建议提供有据可循、有理可循的实践基础和理论支撑。

四、本书创新方向

（一）研究视角和内容的创新

以文化差异为切入点，探究文化距离对跨国并购企业技术创新的作用机理及其影响因素。

一是已有研究较多从企业自身实践、综合能力视角考察跨国并购企业的经济效应，或文化距离对企业投资方式、投资风险的影响，极少有文献深入探讨文化距离对跨国并购企业技术创新这类经济效应纵深维度的影响。为此，本书拓展现有强调文化特征的行为经济学理论，聚焦当代企业技术创新主体合作化的时代背景，强调文化距离对跨国并购企业技术创新的作用。

二是文化距离对跨国并购企业技术创新的影响是跨国企业理论和行为经济理论共同关注的重要问题。然而，由于两类理论及其所属学科的发展存在研究范式上的差异，二者至今仍未充分融合。对此，本书创新性地将文化距离和企业并购后的技术创新融入一个理论分析框架中，构建文化距离对跨国并购企业技术创新的影响机制模型，给出文化距离对跨国并购企业的技术创新影响的调节机制理论解释，为文化距离与跨国并购企业的经济效应研究提供更多的研究视角和方法。

三是限于中国跨国并购企业的数据难以获取，研究进展较少，已有的研究中鲜有文献直接涉及文化距离与跨国并购企业技术创新的探讨。对此，本书基于自建的微观数据库及宏观数据库开展研究，丰富已有的中国跨国并购企业与文化距离的选题范围，在文化特征凸显的时代背景下，为促进"走出去"企业经济效应的政策设计提供有据可依、有理可循的实践基础。

（二）研究数据构建上的创新

一是宏观层面，从多个维度测度国家间文化距离、语言距离，为将行为经济学融入跨国企业资源融合的实证分析奠定基础。二是微观层面，从 Zephyr 并购数据库、联合国商品贸易数据库、WALS 语料库、国际移民组织数据库、CEPLL 数据库、全球竞争力指数、GDELT 数据库和国泰安数据库中收集数据，最终获取 2008—2017 年 285 家中国上市企业在 39 个国家和地区的并购数据。样本时间跨度为 2008—2017 年。[①]

（三）研究方法的创新

采用较前沿的理论建模和实证技术，回答项目提出的科学问题。在理论分析上，构建文化距离对跨国并购企业技术创新的作用机制模型，建立文化距离对跨国并购企业技术创新影响的调节机制的理论解释，以上模型的构建和理论解释的建立为本研究提供了坚实的理论基础，也是本书的一种理论创新。在实证分析上，采用较为前沿的多水平面板模型、中介效应模型、多指标测算法、工具变量法等，识别国家层面文化距离对并购企业技术创新的影响。在影响机制方面，运用中介模型识别文化

---

① 由于本书关注的是跨国并购企业样本，所以剔除了企业在港澳台地区的并购数据。又因为要考虑到避税因素，故剔除了开曼群岛、维尔京群岛、巴拿马等国际避税地的并购数据，同时对异常值进行了剔除。

距离中的"互补效应"和"认同效应";在影响因素方面,运用交乘项识别企业所有制结构、东道国制度环境对文化距离的创新效应的调节作用。此外,在稳健性检验中,我们采用多指标测算法测度实证中涉及的关键变量(技术创新、文化距离、语言距离),并实施稳健性检验;同时,在后续分析中,也会采用样本分期的思路从时间上进行控制,后续研究还将采用工具变量回归方法等进行稳健性测试。

(四)研究结论的政策应用性

随着"一带一路"倡议和中国企业"走出去"的持续推进,通过跨国并购获取逆向技术外溢以促进中国技术创新已成为当前中国企业发展道路之一。现阶段我国企业"走出去"往往会出现"交易容易整合难"的尴尬局面,而其中"整合难"客观来看是由商业实践匮乏导致的,但这种影响会随学习实践而消退,文化距离的影响却是长期且客观存在的。在此现实背景下,本研究的发现,一方面能够为企业根据自身状况及跨国投资后的资产整合状况选择最优的投资方式、投资地点以化解文化距离中的负向"认同效应",强化正向"互补效应",促进技术创新提供理论和经验支持;另一方面可以为政府搭建更为科学、理性、务实的企业跨国并购实践指导政策体系和布局全球中华文化融合战略提供政策参考。

第二章

文献综述

本书涉及三类文献：①有关文化特征测度的研究文献；②跨国并购对企业技术创新的影响研究文献；③文化距离对跨国并购企业的影响研究文献。

第一节　文化特征的测度

文化特征测度研究大多是在 Hofstede（1983）和 Trompenaars 等（1996）基础上进一步沿用和深化的（Phatak & Bhagat, 2006；Li et al., 2013；樊琦等，2017），即从不确定性规避、阳刚/阴柔气质、权力距离、个体主义和集体主义，以及文化复杂度等维度选取不同的侧重点来测度文化特征，具体如表 2-1 所示。此外，也有文献指出，基因是测度文化特征的合适变量（Spolaore & Wacziarg, 2009；Guiso et al., 2009；Desme et al., 2011），遗传距离代表信仰、习惯、习性、偏见、风俗等文化特征的差异，其中 Spolaore 和 Wacziarg（2009）开展了奠基性研究，随后 Spolaore 和 Wacziarg（2011）、Bai 和 Kung（2014）、黄新飞等（2014）在此基础上进行了延伸、细化和以中国为中心的考察。遗传距离是指两个已经"分化"、独立的人群距其最近的共同祖先的时间（黄新飞等，2014），它是通过对两个种群的中性基因抽样计算出其中性基因的相似度，然后通过细化两个种群之间中性基因的相似度得到的，遗传距离测量的是两个种群之间中性基因分布的差异。因为这种中性基因的变异完全随机，所以遗传距离能够衡量两个种群分离的时间及二者在代际之间传递的特征——信仰、习俗、惯例和思维方式等的差异（Spolaore & Wacziarg, 2009）。在早期研究中，遗传距离常常被作为地区文化差异的代理变量。Guiso 和 Sapienza（2004）将遗传距离作为衡量双方信任程度的工具，在引力模型框架下研究遗传距离对双边贸易流量的影响；Desmet 和 Breton（2011）以遗传距离作为文化距离的代理变量，研究文化差异对欧洲国家形成和欧洲国家版图稳定性的影响；黄新飞等（2014）将遗传距离作为文化距离的代理变量，发现遗传距离与贸易流量间存在负向关系等，但有关遗传距离对微观企业活动的影响的研究相对偏少。随着遗传距离在经济分析中的应用越来越多，许多学者深入探究遗传距离在各类经济现象中扮演的角色，并发现遗传距离和文化距离对经济活动的影响及其机制是有差异的。Giuliano 等（2006）发现在控制了地理距离后，遗传距离对双边贸易流量的影响不再显著。然而，Spolaore 和 Wacziarg（2009）发现遗传距离在解释国家间经济发展差距上有很强的解释力。Spolaore 和 Wacziarg（2011）进一步研究了遗传距离影响一国经济发展的理论机制，认为遗传距离主要通过阻碍技术扩散影响不同国家的经济发展差异。黄新飞等（2014）将遗传距离对跨国收入差距的影响机制内生化，发现遗传距离主要通过人力资本和国际贸易的渠道对跨国收入产生影响。同时，黄新飞等（2017）进一步将遗传距离影响跨国技术溢出的影响机制内生化，发现遗传距离通过引致信任差异影响跨国经济交流规模，并导致跨国技术溢出。还有文献指出，相对于基因，语言特征作为文化特征的测度更为精准，因为语言作为区域文化的载体能兼顾垂直传递和横向传播（赵子乐等，2017；林建浩等，2017；高晶等，2018）。

  由表 2-1 可见，文化特征测度是个复杂的过程，度量文化特征测度不能顾此失彼，不应只局限于某一视角，而需综合考虑，从多个维度加以考察。尽管以往的研究从不同维度给予文化特征丰富的考察，但仍存在忽视之处或需深入研究的方面。文化特征是一国在信仰、价值观等多种要素综合作用下的表现。随着人类文明及全球化的不断发展，国家间的文化特征会呈现趋同与差异同时存在的特点。本书沿用 Phatak 和 Bhagat（2006）关于国家文化特征的总结，聚焦于多个能反映各国文化特征的指标,以此来度量国家文化特征,测度中国与跨国并购企业所在的东道国之间的文化距离。

表 2-1 文化特征比较指标归类

文化基本假设	比较维度／指标	研究者
人与自然的关系	控制、和谐、臣服	Kluckhohn, Strodtbeck
	内控和外控	Fons Trompenaars
	控制自然与和睦相处	Shalom Schwartz
人的本质	性善、居中、性恶	Kluckhohn, Strodtbeck
时间取向	过去、现在、未来	Kluckhohn, Strodtbeck
	长期取向和短期取向	Geert Hofstede
	连续性和同时性	Fons Trompenaars
空间取向	公共、混合、隐私	Kluckhohn, Strodtbeck
	特殊性和扩散性	Fons Trompenaars
行为取向	存在型和实干型	Kluckhohn, Strodtbeck
关系取向	集体主义和个体主义	Geert Hofstede
		Kluckhohn, Strodtbeck
		Fons Trompenaars
	纵向和横向个人主义、集体主义	Harry C. Triandis
	权力距离	Geert Hofstede
	不确定性规避	Geert Hofstede
	阳刚和阴柔气质	Geert Hofstede
	普遍性和具体性	Fons Trompenaars
	保守主义和自由主义	Shalom Schwartz
	等级观念和平等观念	Shalom Schwartz
	高情境和低情境	Edward T. Hall
	文化复杂度	Harry C. Triandis
	严格和宽松	Harry C. Triandis

第二节 跨国并购对企业技术创新的影响研究

早期学者普遍认为跨国并购有利于促进中国企业的技术创新，即企业通过跨国并购获取"知识溢出效应"，促使先进技术不断从承接国向资本流出国扩散，进而促进中国企业自主创新（Francesca，2002；Branstetter，2006）。例如，印度汽车企业的OFDI[①]（Pradhan et al.，2009）、493家新兴市场企业的海外并购（Chen，2012）、芬兰企业的OFDI（Deschryvere，2013）及中国企业的跨国并购均显著促进了这些企业的技术创新（毛其淋等，2014；沙文兵等，2018）。吴先明等（2014）则通过案例分析发现，跨国并购能够建立双方长期互动的技术学习和知识分享机制，进而促进中国企业整体技术能力的提升。

企业通过跨国并购不仅可以引进新型技术，扩充现有知识储备，提升自主研发水平，还可以弥补关键技术领域缺陷，跨越技术鸿沟，实现技术上的追赶。同时，可通过加强与目标企业的交流协作，避免研发重复和冗余，在规模经济和范围经济的共同作用下，提升专利数量和创新产品质量（冼国明，明秀南，2018）。Stiebale（2016）以技术专利衡量创新绩效，发现在发生跨国并购之后，企业专利申请量增加了20%以上，故而验证了跨国并购可以促进企业技术创新。跨国并购可以有效激发企业跨越边界学习和创新的潜能，相对于封闭式创新可能导致研发重复，并购式创新可以打破企业创新刚性（Nelson & Winter，2009），通过不断扩大绝对知识规模（Ahuja & Katila，2001），

---

① OFDI（Outward Foreign Direct Investment）是指一国企业或个人向其他国家或地区进行的直接投资活动。

促进企业技术知识更新，从而有利于企业技术创新能力的提高。除了获取知识外，技术追赶也是跨国并购的目标（梁宏等，2019），在并购过程中，企业间的技术关联度越高，企业并购所带来的创新协同效应就越强。跨国并购能够通过影响技术研发和人力资本两种途径来提高企业的技术创新能力（尹亚红，2019）。在战略驱动作用下，为节约成本，企业通过逆向外包行为可迅速获取人力、资金、技术等资源，不断提高经营效率，降低研发风险，同时加大研发强度，以此促进企业创新绩效的提高（柯颖等，2021）。此外，范高乐和李文璐（2021）通过比较分析境内外并购对企业价值的影响发现，跨国并购不仅能有效地提高企业的全要素生产率，而且对于企业创新产出和产品出口也具有一定的促进作用。不仅如此，通过跨国并购，企业的创新质量也将获得一定程度的提高，并且这种作用会持续一段时间（殷炼乾、周杰怡，2021）。并购可以使得合并后的企业大幅度降低研发成本，避免无用、重复的花费（如与研发相关的固定资产支出），此外，并购可能产生巨大的知识协同效应，使得在研发投入不变的条件下也能带来更多的研发产出（Ornaghi，2009）。Guadalupe（2012）等认为，跨国并购能够为企业提供进入国外市场的机会，从而引发创新，因为研发活动的成本可以在并购后分散到更大的产出上。Stiebale（2016）认为，并购是一种重新匹配资源以提高资源使用效率的手段，企业进行跨国并购之后，实体的创新活动可能（部分）在并购后重新定位，以通过地理集中利用研发的规模经济和范围经济，从而促进创新。

不少实证研究为上述促进理论提供了佐证，Hagedoorn和Duysters（2002）对美国计算机行业的并购案例进行了长达10年的研究，研究结果表明高科技企业并购可以促进其创新。Stiebale（2013）基于德国企业数据，研究了跨国并购与收购方创新活动之间的关系，实证结果表明，主并企业的研发支出比例在跨国并购之后得到了显著提升。Stiebale（2016）利用倾向匹配得分法和双重差分法检验了跨国并购对欧洲企业创新的影响，结果显示跨国并购之后，并购实体的创新活动得到增加。这主要是由主并企业所推动的，而被并购方的创新往往会减少。同时，研究还发现跨国并购对双方创新影响的不对称性程度与双方并购前的知识储备差异呈正相关，这表明跨国并购之后，创新资源在并购双方之间向更有效率的一方重新配置。Guadalupe 等（2012）利用西班牙企业并购数据进行实证检验发现，跨国公司倾向于并购生产率高的企业，并且并购之后的标的企业会进行更多的产品和流程创新（同时采用新机器和组织创新实践）。对跨国公司技术增长来源的研究发现，相较于其他投资形式，跨国并购更有助于企业通过海外业务的扩张来寻求技术能力的提升。

　　国内研究中，大部分学者认同跨国并购是获取技术的有效途径。张学勇等（2017）认为，跨国并购能够有效规避外国政府对技术的封锁，帮助企业迅速建立技术创新体系。吴先明、苏志文（2014）及陈爱贞、刘志彪（2016）在研究中指出，通过跨国并购，国内外企业的生产运营能够形成协同效应，并加速企业对前沿技术的学习和使用，最终实现企业战略转型和技术上的"弯道超车"。朱治理（2016）认为，跨国并购可以扩大企业知识基础、减少创新的重复和冗余行为、增加研发人员，从而避免原有研发人员对创新活动的路径依赖，并最终促进企业创新。国内学者在实证研究层面给促进理论提供了佐证，包括以下内容。①蒋冠宏（2017）利用 2002—2008 年我国企业跨国并购数据进行实证检验发现，我国企业跨国并购促进了企业生产率提高和研发投入增加。②吴先明、苏志文（2014）研究了 7 个典型的中国企业跨国并购案例，研究结果表明：一部分企业的确通过跨国并购提升了技术水平和国际竞争力，并成功推动了企业的战略转型；总体来看，后发国家企业通过跨国并购来提升技术水平这一过程，事实上是一种精心策划并极具冒险性质的商业行为。③冼国明（2018）利用中国 2008—2015 年 A 股上市公司数据，用 PSM-DID 计量方法检验了中国企业跨国并购的创新效应，研究发现跨国并购对企业创新具有显著的正向影响,总体上,跨国并购显著提升了主并企业的年专利产出水平。④贺晓宇、沈坤荣(2018)以制造业上市公司为研究样本,采用2009—2014年相关数据,运用倾向匹配得分法与倍差法实证检验了海外并购对主并企业创新的影响效应。研究结果表明,中国企业跨国并购促进了其创新能力的提升,且该提升效应在一定时期内持续存在。⑤孙江明、居文静(2019)利用2007—2015年A股上市企业跨国并购样本,采用马氏距离匹配和负二项回归的计量方法检验了中国企业跨国并购对主并企业创新的影响效应。结果表明,中国企业跨国并购对主并企业创新具有显著的正向影响,并且该影响在时间上具有持续性。上述研究从微观视角出发,证实了中国企业跨国并购对并购方有创新促进效应。此外,一部分学者从宏观视角出发,同样证实了中国企业跨国并购对方创新的促进效应。例如吴先明、张雨(2019)实证检验了中国企业跨国并购与产业创新绩效之间的关系,发现中国企业跨国并购正向促进了产业创新绩效;尹亚红(2019)利用2008—2017年中国省级面板数据进行实证检验发现,中国企业跨国并购显著提升了企业的技术创新能力。

  一些学者从并购资源的角度出发进行了相关研究。通过并购,企业能够获得自身没有或无法获取的关键性资源,这种行为可以看作在一个不完全竞争的市场上购买了"资源束",企业需要合理利用和平衡现有资源与获取的外部资源。一些企业内部不具备的资源,包括知识、技术等方面的资源,都可以通过并购的方式获得,从而为企业的技术创新活动创造有利条件。这些资源与能力的获取有助于提升企业技术创新能力和实现创新绩效的改善(Adams,2001)。关于外部资源的获取与技术创新能力之间的关系,国内学者也有一定的研究。企业通过并购方式获取先进技术的益处显而易见,企业可以有选择地获取与本企业互补的研发资源和研发能力,这样不仅弥补了内部创新资源的不足,而且大大节省了研发投入成本。这对增强企业技术创新能力和核心竞争力非常重要,尤其是在日趋激烈的以研发能力和技术创新为核心的技术竞争中(白洁,2009)。

但是也有不少研究认为,大规模的跨国并购容易挤占国内投资,从而致使国内经济出现"脱实向虚"的情况,不利于本国的自主创新。国外研究中,持抑制观的学者主要存在以下观点。

①并购会带来新的临时重组成本及对既定组织和研发程序的破坏,从而导致并购对主并企业的创新产生抑制效果(Desyllas & Hughes, 2010);企业发生跨国并购后,会加重成本支出,同时又容易过于重视短期收益,减少研发支出和减弱研发强度,从而降低自身创新水平。跨国并购后,企业的规模得到扩大,资源要素更为丰富,以上优势会降低双方企业的努力程度,削弱创新动机,不利于企业创新产出的增加。学者Florian(2014)通过研究海外技术并购对收购方研发支出和强度的影响发现,跨国并购后企业研发支出和研发强度显著降低,从而抑制企业创新水平的提高。此外,跨国并购虽然可能实现主并企业的理想目标,但也会带来潜在威胁,当主并企业优势不那么明显时,将难以剥离并购带来的不利影响,降低研发支出和强度,这不但无法促进企业创新,严重时还可能导致资源浪费、降低企业价值甚至破产(Bena, 2014)。

②研发人员是知识的载体,合并之后的企业通常会减少研发人员的数量,这可能会导致企业知识存量减少。

③Desyllas和Hughes认为,并购带来的债务融资提升了企业的杠杆率,可能会导致主并企业在并购后无力承担必要的研发和资本投资,从而抑制企业创新。

④并购往往是创新的替代品,这可能会导致企业对内部研发(R&D)计划的进一步忽视。此外,并购通常会导致杠杆率增加、多元化,并占用大量执行时间,这可能会导致管理层对创新的承诺减少(Hitt, 2014)。企业在发生跨国并购之后,会立即将重点放在并购后的整合上,核心研发技术人员无法得到重视,从而使研发效率降低,不利于企业的

技术创新。企业通过跨国并购交易获取目标企业的资源和技术后，将其与自身资源整合，在达到目标所要求的研发能力和研发成果后，往往会减少甚至停止在创新方面的人员和资金投入，导致创新研发后劲不足，从而不利于创新能力的提升（黄璐等，2017）。同时，在跨国并购过程中，当"外来知识"不能够被主并企业整合时，将会出现"消化不良"问题，抑制企业创新绩效（Hennart & Reddy，1997）。其中，文化差异是影响企业跨国并购成本和能力转移的关键因素。企业间的文化差异会导致文化冲突，文化差异越大，越不利于企业的技术创新（Jemison & Sitkin，1986）。Hitt（2014）对在1970—1986年完成并购的191家企业进行研究发现，并购活动会导致研发投入和产出的减少。平均而言，样本中的191家企业在并购后相对于竞争对手减少了对研发相关资源的分配。此外，这些企业的专利数量也有所减少。Ornaghi（2009）用医药企业数据进行实证研究发现，并购抑制了主并企业的创新。Florian S（2014）评估了1990—2009年并购对265家主并企业和133家标的企业的研发支出和研发强度的影响。研究发现，目标企业在合并后大幅降低了研发力度，而主并企业的研发强度由于销售额的急剧增加而下降。Desyllas和Hughes（2010）研究了高科技企业并购对主并企业研发强度和研发生产力的影响，结果显示并购给企业研发强度和研发生产力带来了负面影响，特别是在并购后的第一年。就研发强度而言，并购后的第三年出现正面影响；就研发生产力而言，并购的负面影响程度随着时间推移而减弱，具有整体中性的效果。国内持抑制观的学者认为，跨国并购能否促进主并企业创新投入取决于双方的技术特征、企业的资源整合能力以及并购后面临的市场规模。当并购双方的技术互补性和扩大的市场规模，带给企业创新的正面影响不足以抵消整合成本带来的负面影响时，有可能导致跨国并购投资失败且不利于企业创新（冼国明，2018）。朱治理、温军等（2016）认为，主并企业和标的企业之间的文化距离扩大会影响企业间的知识吸收与资源整合，从而导致并购抑制创新的情况。

国内实证研究中，朱治理、温军等（2016）基于2004—2013年中国上市公司的跨国并购数据，用PSM和DID计量方法进行实证研究发现：总体来看，中国企业跨国并购对主并企业的创新能力具有显著的抑制作用，并且该抑制作用在样本时间窗口内未呈现明显的递减趋势。企业错选目标并购企业，会导致不能有效整合目标并购企业的技术知识，从而无法实现协同效应。跨国并购是一项技术活，在并购过程中，并购标的选择错误、资源无法有效整合、垄断削弱竞争、不确定因素的出现等皆可抑制技术创新。同时，跨国并购后的整合也是一项复杂的工作，不仅需要在研发部门进行，还需要和各部门协调配合。Stahl等（2017）认为，并购一旦目标选择不佳、缺乏协同效应，尤其是整合不充分，对企业并购后的业绩将会产生不利影响。部分研究表明，并购对中国技术创新的影响是负向的或不确定的。

此外，文化距离的存在也会影响企业并购后的创新水平。在个人主义文化较强的国家中，企业的管理层通常会有较为强烈的盈利动机，进而会有更高的风险承担意愿（Li et al.，2013），并倾向于将更多的现金用于研发而不是分发股利，因此会持有较少的现金。同时，个人主义文化下的认知差异有助于思维碰撞，会使得企业的创新效率更高（Boubakri et al.，2021）；而受长期价值导向影响的企业则会更加关注企业的长远规划和战略资源发展（Wang & Bansal，2012），通过应用组织资源来发展自己的核心竞争优势，更注重企业的长期发展，进而投资更多资金在创新这类长期策略上，以此增加企业的价值（Flammer & Bansal，2017）。

然而，上述研究仅从成本和收益角度进行分析，而把国家间个体的不同行为特征排除在外。随着行为经济学的兴起，学者们开始将文化等非经济特征引入跨国企业的分析中。本书则为跨国并购企业的技术创新研究提供了一个崭新的视角，强调跨国并购企业中存在不同文化之间的冲突与交融，最终作用于企业投资后的资产、技术、人员协调整合，进而影响技术创新，这有望丰富现有的跨国企业理论研究。

第三节　文化距离对跨国并购企业的影响研究

文化的属性渗透在各个方面和各个维度，从国家文化到企业文化，文化作为一种软实力，成为推动国民经济建设、社会进步和民族发展的关键因素。

在国家文化层面，区域内多民族、多宗教、多方言形成的文化也会对经济发展产生影响。首先，区域之间的文化差异会形成一种交易成本，并从很多方面降低不同区域间企业贸易的可能性（高超等，2019）。赵子乐和林建浩（2017）研究发现，区域文化之间的语言差异会导致社会成员间的信任缺乏、沟通障碍，阻碍区域经济的均衡发展。然而，区域文化越多样，不同文化背景的个体之间越能够进行丰富的思想交流，而文化多样性展现的包容性也能够吸引更多的人才，从而有助于促进该地区企业层面的创新（刚翠翠等，2021；潘越等，2017）。单一的区域文化也会影响企业的日常经营。在信任文化视角下，区域范围内的信任文化也会影响社会网络，通过影响道德水准来作用于个体行为。区域信任文化程度越高，企业越会注重利益相关者的诉求，重视可持续发展，从而提高企业的社会责任绩效（肖红军等，2021）。社会信任水平较低，企业倾向于集权，将资源分配权归属于少数人，从而越容易做出集中决策（李文贵，2020）。反之，较高的信任水平则有助于降低代理成本，减少对中小股东的利益侵占，从而减少股权结构层级（邱保印，程博，2021）。

在企业文化层面，企业文化是企业在长期活动中形成的价值集合。良好的企业文化可以提高企业管理者的道德标准，促使企业承担社会责任以满足社会需求（靳小翠，2017）。积极向上的企业文化能够通过强化员工意识、减少道德违规行为来提升企业的内部控制有效性（吴秋生、刘沛，2015）。

企业文化还会通过领导风格的协同影响企业的绩效（陈维政等，2004）。对于建筑类企业来讲，团队精神能够让员工在心理上对企业产生认同感并表现出工作自觉性和积极性，从根本上顾全大局，以此来提高企业绩效（刘明明等，2012）。对于家族企业来说，家族企业文化能够帮助企业实现可持续发展，家族企业在经营中形成的如忠诚、亲密等独特的企业文化，能够推动企业更有效地实现长期发展，从而改善企业的日常经营活动绩效（涂玉龙、陈春花，2016）。程博等（2020）发现信任文化能够减少组织间的冲突，通过促进组织间知识分享来提高企业的创新水平；潘健平等（2019）则发现当企业强调合作时，组织成员间的凝聚力得到增强，合作双方能够更好地整合资源，从而提升企业的创新效率并增加企业的创新产出；唐玮等（2020）发现，以"诚信"为首要文化的企业能够通过提升员工的道德标准来减少员工的自利动机，通过增强团队的创新执行力来提升企业的创新能力，从而获得更多的专利申请数量。

企业之间的文化匹配程度会影响跨国并购后的整合（Weber et al., 1996）。Stahl 和 Voigt（2008）指出，组织文化差异会影响企业间文化整合和协同效应的实现。而文化整合又是企业实现价值创造的关键路径。Vaara 等（2012）通过研究发现，当并购双方存在组织间的文化差异时，这种文化差异会增加双方组织成员间产生社交冲突的可能性，从而显著地影响并购后企业的管理模式。同时，Ahammad 等（2016）、Wang 等（2020）还发现组织文化差异越大，并购整合过程中的文化摩擦和思维冲突就越激烈，进而导致较差的并购绩效。

对于跨国并购而言，企业的跨国并购决策很容易受到文化特征的影响。Lawrence 等（2021）发现两国之间的文化距离越大，表现为难以理解、适应对方的文化，双方企业越不可能发起跨国并购。从进入方式来看，刘晓宁（2019）发现文化距离增加会使得企业放弃跨国并购，转而通过绿地投资的方式进行对外直接投资。这主要是因为文化距离较大时，并购企业会存在较大的协调和管理成本，并且文化差异也使得并购企业很难认同母公司的经营理念，而绿地投资则能够规避跨国并购整合过程中的各种风险（Kogut & Singh，1988；綦建红、杨丽，2014）。从量上来看，较大的文化差异所折射出的经营理念、思维方式的差别及经营整合难度加大也会使得企业减少跨国并购（Ahern et al.，2015）。从股权进入模式来看，林季红和张璐（2013）发现随着文化距离的增大，作为跨国并购的主并方，其对目标方的股权收购量也会随之增加。Yang（2015）则认为进入文化差异较大的国家时，企业面临的不确定性也会增加，此时，企业可以通过采用低股权参与的方式来降低相关的经营风险（Contractor et al.，2014）。

另外，文化距离也会影响企业的跨国并购成败。Dikova 等（2010）发现两国之间文化距离的大小与跨国并购的完成可能性大小之间也存在一定关系。李诗和吴超鹏（2016）通过对中国企业跨国并购成功率进行研究，发现两国间的文化距离越小，相似的文化背景使企业在建立信任的基础上能够更好地减少交易过程中的摩擦，从而提升并购成功的可能性。此外，温日光（2015）从目标方国家文化维度出发，通过对目标方的国家文化进行深层次分析，研究了不同维度的文化强度对并购完成率的影响。具体而言，目标方所在国的不确定性规避程度越高、权力距离越大、集体主义倾向程度越高，并购的完成率会越高。而 Lawrence 等（2021）则认为，文化距离会使得企业在发起并购时更为谨慎，在交易开始前就会将文化差异因素纳入战略考虑。

文化距离对跨国并购绩效的影响研究尚未达成一致结论。其中，关于抑制跨国并购绩效的研究发现，随着文化距离的增大，并购双方更可能在并购之后出现文化冲突，这种冲突表现在员工思维方式及企业行为规范方面的不一致，而整合难度的升级进一步导致双方在资源配置、人力资源管理等方面存在摩擦并转化为较低的协同效应，进而导致企业在跨国并购后的整体绩效变差（尹忠明等，2013；王宛秋、吴文玲，2015；Hasan et al.，2016；乔璐等，2020；Chand et al.，2021）。而Cartright等（1996）则认为，并购绩效变差的主要原因是双方之间存在的文化差异会使得被并购方企业内部成员的工作积极性显著降低，进而使效率变低，影响企业的产出水平。与这些认为文化距离会降低并购绩效的研究相反，Jemison和Sitkin（1986）、Chakrabarti等（2009）发现，当并购双方所在地的国家文化距离越大时，并购之后的协同效应就越大，越有助于提升企业跨国并购后的绩效。Dikova和Sahib（2013）则发现，企业的并购经验有助于并购方更好地协调过程中的冲突，并从文化距离中受益，从而提高并购绩效。Morosini等（1998）认为这可能是由于文化距离越大时，企业在并购之后就越能够通过吸收并学习对方独特的知识和技艺来提升自身价值，这种知识转移过程有利于提高并购后的企业核心竞争力，进而提升并购绩效。此外，田海峰等（2015）通过对我国企业的跨国并购事件进行研究，发现这种差异并不能对企业的跨国并购绩效产生任何影响。

Bhaumik等（2016）针对中国企业的对外直接投资进行了相关研究，他们认为国家之间的文化距离对中国企业的对外直接投资具有正向影响。阎大颖（2009）选取我国跨国并购企业作为研究对象，实证结果表明，文化距离与企业经营绩效呈显著负相关，即文化距离越大，企业绩效越差；反之，文化距离越小，则企业绩效越好。朱勤和刘垚（2013）发表类似研究结果，将2000—2008年我国上市公司的38例跨国并购案例作为研究样本，进一步通过实证分析表明，文化距离增加了企业跨国并购后整合的难度，阻碍了企业整体运营发展，使得企业绩效下降，因此，文化距离对企业并购后的绩效具有不利影响。朱治理等（2016）从企业吸收能力的角度探讨企业跨国并购、文化距离和技术创新三者之间的关系，用实证分析法得出：企业跨国并购和技术创新之间呈显著的负相关关系，而文化距离在其中起到了一定的调节作用，它强化了两者之间的负向影响，阻碍企业学习知识和整合资源，进而影响企业的创新效率。高厚宾（2018）的研究成果指出了文化距离的消极影响。

在投资后的经济效应方面，现有文献表明，文化距离对并购后企业的经济效应影响具有两个鲜明特征。第一，文化距离的影响是多维度的和多层次的；第二，文化距离对并购后企业经济效应的影响是动态而复杂的，也是充满矛盾的。

现有研究将文化距离对跨国并购企业的影响分为三个维度。

第一个维度是以表层风险为导向的，认为文化特征中的和谐主义、不确定性规避及个人主义会作用于企业风险（Li et al.,2013；赵龙凯等，2014），进而作用于企业经济效益。Datta 和 Puia（1995）在探索文化距离与企业并购绩效两者的关系时，得到的结论是文化距离对企业跨国并购绩效具有消极影响。Kim 和 Hwang（1992）、Hennart 和 Reddy（1997）通过相关研究得出，并购企业所在国与目标企业所在国文化距离越大，主并企业进行跨国并购与资源整合的过程就越有难度，进而影响并购绩效。Weber（1996）探索文化距离对企业绩效的影响。Barkema（1996）将欧洲企业在 1966—1988 年进行的跨国并购事件作为研究对象，发现有些企业因无法适应文化差异等而出现跨国并购失败。Lin 和 Germain（1998）也做过类似研究，结果表明，并购企业双方所在国家或区域的居民思想、行为模式和生活习惯差异可能增加双方信息交流的难度。Larsson 和 Frinkelestein（1999）以欧美共 61 个跨国并购项目为样本，研究发现企业进行跨国并购更容易引发员工的不满并导致员工流失率增加，同时阻碍双方协同效应的实现，因为在短时间内，双方企业的员工很难适应文化差异，既要面对新的国家文化，又要适应新的管理层及企业文化等，最后只能通过离职来解决问题。

第二个维度是以正式的结构规则和非正式的程序惯例为导向的中层组织层面或结构维度。例如，Ahern 等（2015）指出国家文化的两个关键维度（信任、等级制度）会显著影响跨国企业并购后的组织架构及协同收益。Stahl 和 Voigt（2008）曾指出，组织文化差异会影响企业间的社交文化整合和协同效应的实现。而文化整合又是企业实现价值创造的关键路径。Vaara 等（2012）通过研究发现，当并购双方存在组织间文化差异时，这种文化差异会增加双方组织成员间产生社交冲突的可能性，显著地影响并购后企业的管理模式。同时，Ahammad 等（2016）、Wang 等（2020）还发现组织文化差异越大，并购整合过程中的文化摩擦和思维冲突就越激烈，进而导致较差的并购绩效。

第三个维度是以企业价值观为导向的深层社会文化维度。例如，王蓓等（2018）认为一国文化特征会在当地工会与企业的人力资源方面有所体现，而工会和人力资源在企业国际整合过程中扮演重要角色。由此可见，文化距离对跨国并购经济效应的影响是一个多层次的动态过程。

文化距离对并购后的经济效应的影响也是动态的、复杂的。随着研究的深入，很多学者提出文化距离不仅会带来外来者优势，也会带来外来者劣势。在这两种作用的相互叠加下，文化距离对于并购后绩效的表现为负载的非线性关系。

Slangen（2008）通过实证检验国家文化距离对跨国并购绩效的影响机制，提出文化距离对跨国并购绩效的影响取决于并购后企业整合的水平。Reus 和 Lamont（2009）也认为，企业的整合能力对于文化距离对国际收购绩效的影响起着非常重要的作用。他们认为在跨国企业并购中，文化距离是一把双刃剑。一方面，文化距离会在跨国企业并购过程中限制投资方与被投资方之间的沟通，加大整合阻力，抑制绩效的提升；另一方面，不同的文化环境能提供更多的学习机会，具有强大整合能力的跨国企业能够有效降低整合成本，这时文化距离会加强整合能力与国际收购绩效的正相关关系。通过对 118 家美国跨国企业的国际并购样本数据进行实证检验，印证了这一结论。Ahammad 和 Glaister（2011）通过对英国的跨境收购案例进行实证检验，也得到了相同的结论。蒋冠宏（2015）从文化距离影响中国企业对外直接投资风险的角度，利用 2004—2008 年中国 1852 家企业的对外直接投资数据，研究发现，双边文化距离与中国企业跨国并购的经营风险呈现"U"形趋势。杨勇等（2018）从文化距离影响中国制造业上市企业对外直接投资经营绩效的角度，以 2007—2014 年中国制造业上市企业的对外直接投资事件为研究对象，通过门槛效应检验发现，文化距离对中国企业对外直接投资经营绩效的影响呈非线性。

尽管文化特征在跨国并购企业的经济效应中所扮演的关键角色得到了承认，但关于文化特征如何作用于企业中更深层次的个体行为的研究仅涉及经营绩效方面（杨勇等，2018）。作为新兴经济体，跨国企业想要通过跨国并购学习发达经济体的目标企业并进行知识转移的意愿日趋强烈（Madhok，2012）。例如，赵宸宇等（2017）指出，中国企业通过跨国并购获得了大量战略性资产，导致其专利量激增。类似地，印度跨国企业也通过并购实施了知识转移（Bhasin et al.，2015）。

为此，本书旨在将文化距离融入跨国并购企业的技术创新效应分析中。首先，考虑文化距离通过互补效应和认同效应作用于企业技术创新，并采用多水平面板模型，检验和验证文化距离在跨国并购企业技术创新上的影响。其次，在文化融合大背景下，进一步考察文化距离对跨国并购企业技术创新作用的调节因素，在理论和实证上为促进跨国并购企业的技术创新提供现实支撑。

第三章

文化距离与中国企业跨国并购发展历程及现状分析

第一节 文化距离现状分析

依据 Hofstede（1988）、Bond 等（1988）和 Minkov 等（2010）的研究，本书选用文化六维度来测度中国与东道国之间的文化距离。文化维度测量研究始于 20 世纪 80 年代，其中知名的当属 Hofstede（1988）的国家文化维度测量研究，文化研究自此开始由定性研究转向定量研究。Hofstede 等以 IBM 在全世界 40 多个国家的子公司的 11 万名员工为样本进行了问卷调查，分析了他们的文化价值观，总结出代表国家文化的四个维度：权力距离、集体主义与个体主义、阳刚和阴柔气质、不确定性规避。Bond 等（1988）基于中国儒家思想，将研究扩展到了第五个维度——长期倾向和短期倾向。Minkov 等（2010）进一步对文化划分进行了补充，引入了第六个维度——放纵与约束。之后，Hofstede 团队完成了对国家（地区）文化维度的赋值。每个文化维度的赋值范围是 0~100，50 是中间水平。例如，对于长期–短期导向维度，50 以下被认为是短期导向，50 以上则是长期导向。而且这个数值是相对的，只有进行对比才有价值。表 3-1 是对 Hofstede 国家文化维度的详细说明。

表 3-1　Hofstede 国家文化维度的六个维度及含义

维　度	中文说明	含　义
PDI	权力距离指数	社会中对权力不平等的接受程度
IDV	集体–个体主义指数	个体融入集体的程度
MAS	阳刚–阴柔气质指数	社会中男性价值观占主导地位的程度
UAI	不确定性规避指数	社会成员对不确定性的容忍程度

续表

维　度	中文说明	含　义
LTO	长期-短期导向指数	社会对未来的重视程度
IVR	放纵约束指数	社会成员控制自身欲望的能力

权力距离是衡量人们对权力不平等的接受程度，高权力距离社会中通过等级结构来确定权力，人们上下级之间的等级差别呈接受状态，认为等级关系更能够带来和谐，会选择集中决策，信息流动是从上至下的。在低权力距离社会中人们提倡公平分配权力，倾向于均等的关系，会采取分散式的决策，信息从上至下和由下至上双向流动。

集体-个体主义衡量的是个体与集体的亲密程度。个体主义文化中的人们喜欢松散的社会氛围，只关心直系亲属，强调的是自我和个人目标，组织对内部成员的行为影响小；集体主义文化中的人们偏好密切的氛围，强调集体利益和群体和谐，组织对内部成员的行为影响大，人们愿意为组织的共同目标奋斗的意愿强烈。这种文化特征的差异会导致跨国企业在经营管理上出现差异。

阳刚-阴柔气质差异衡量社会对性别角色的期待。阳刚气质强调野心、成就和物质上的成功，阴柔气质强调关怀和友爱，重视生活质量。

不确定性规避是指面对未来的不确定性时，社会成员对未来不确定性和模糊性的容忍程度。强不确定性规避水平社会中的成员相对比较保守，认为差异是危险的，抗拒新颖或异常的想法，害怕不明确的环境变化；弱不确定性规避水平社会中的成员比较开放，崇尚冒险，对差异充满好奇心，接受新颖或异常的想法。企业创新面临着许多不确定性的挑战，尤其是市场和技术的不确定性，这是所有创新都无法避免的。

长期-短期导向表示的是对过去、现在和未来的看法。短期导向的社会成员注重连续性，对改变持怀疑态度；长期导向的社会成员接受转变，注重长期结果。相对于美国，中国属于长期导向型文化，在此背景下，面对创新周期长、失败率高的情况时，表现得更加从容、更有耐心。

而短期导向文化背景下的企业容易受到短期利益的制约，不利于创新活动的持续跟进。

放纵约束指社会在多大程度上允许人们相对自由地满足与享受生活相关的需求。

从表 3-2 可以清楚地看到部分国家的 6 个文化维度指数值，从而能够分析各个国家的文化差异，以及这些差异带给社会成员行为的影响。

表 3-2　部分国家文化维度的测量结果

国　家	权力距离指数（PDI）	集体–个体主义指数（IDV）	阳刚–阴柔气质指数（MAS）	不确定性规避指数（UAI）	长期–短期导向指数（LTO）	放纵约束指数（IVR）
中国	80	20	66	30	87	24
印度	77	48	56	40	51	26
新加坡	74	20	48	8	72	46
泰国	64	20	34	64	32	45
希腊	60	35	57	86	31	68
法国	68	71	43	86	63	48
英国	35	89	66	35	51	69
美国	40	91	62	46	26	68
巴西	69	38	49	76	44	59
芬兰	33	63	26	59	38	57
澳大利亚	39	90	61	51	21	71

通过对上述部分国家在文化六维度方面的差异进行简要分析，可以发现：国家之间的文化距离存在较大差异，不同文化指标有着不同的分散程度，因此文化距离应作为一个整体概念来研究，需要在各维度对文化距离的作用进行分解，在不同维度里，文化距离的作用是不同的，有时是矛盾的，这是文化距离的"非平等性"；另外，不能忽略文化距离的"方向"，文化距离是相对的而非绝对的，这是文化距离影响的"非对称性"。

第二节　中国企业跨国并购发展历程及现状

本书系统梳理了中国企业跨国并购的演进轨迹，基于政策演进与市场实践的双重视角，将发展历程划分为四个历史阶段。研究表明，在国家战略引导与市场机制协同作用下，中国企业的跨国并购已实现从规模扩张向质量提升的转型，成为构建新发展格局的重要支撑。

在经济全球化纵深发展和"双循环"战略实施的背景下，跨国并购作为中国企业获取战略资源、提升国际竞争力的重要途径，其发展态势备受关注。根据联合国贸发会议《2023年世界投资报告》显示，2022年中国对外直接投资流量达1631.5亿美元，其中并购投资占比提升至38.7%，呈现结构优化、质量提升的新特征。本书通过历时性分析框架，系统考察政策演进与市场实践的互动关系，为理解中国企业国际化战略提供新的分析视角。

一、中国企业跨国并购发展历程

（一）萌芽探索阶段（1978—1990年）

1. 发展概况

改革开放初期，中国企业的海外投资以贸易型机构设立为主。首例具有里程碑意义的并购案例是1984年中银集团并购香港康力投资，开创了我国企业跨境并购的先河。1979—1990年，年均并购交易额不足5000万美元，主要集中于航运、矿产等战略资源领域，投资目的地以港澳地区为主。这一时期的特点是"政策性导向明显，商业逻辑薄弱"，并购活动主要服务于国家外汇储备管理和资源安全保障需求。

2. 政策框架构建

1979年8月，国务院颁布《关于经济改革的十五项措施》，首次明确

"允许有条件的企业开展境外经营"。1985年外经贸部出台《关于在国外开设非贸易性合资经营企业的审批程序和管理办法》，建立了"逐级审批、限额管理"的监管体系。1989年国家外汇管理局发布《境外投资外汇管理办法》，形成了"用汇额度审批制"的外汇管控机制。这一阶段的政策特点是"严格管控、试点先行"，为后续发展奠定了制度基础。

（二）规范发展阶段（1991—2001年）

1. 市场特征演变

随着社会主义市场经济体制确立，跨国并购呈现三个新特征：一是主体多元化，首钢集团1992年并购秘鲁铁矿标志着制造业企业开始参与；二是领域拓展，机电产品占比提升至43%（外经贸部统计）；三是区域延伸，东南亚地区投资占比达65%。但受1997年亚洲金融危机影响，年均交易规模维持在2亿~3亿美元，整体仍处于低水平发展阶段。

2. 政策体系完善

此阶段形成了"三位一体"的政策框架。

审批制度：1991年国家计委《关于加强海外投资项目管理的意见》确立了"项目分类审批"制度。

国资监管：1992年《境外国有资产产权登记管理暂行办法》构建了跨境国资监管体系。

外汇管理：1993年《境外投资外汇风险审查规范》完善了风险防控机制。

1997年，党的十五大提出"充分利用两个市场、两种资源"，标志着政策导向从"严格管控"转向"规范发展"。

（三）加速增长阶段（2001—2012年）

1. 规模扩张与结构转型

加入WTO后，中国企业跨国并购呈现"量质齐升"态势。

交易规模：年均增长率达35.7%（商务部《中国对外直接投资统计

公报（2011）》）。

行业分布：能源矿产占比58%，制造业提升至27%（《国际并购研究：中国并购报告（2008—2021）》）。

区域布局：欧美发达国家占比首次超过50%（UNCTD数据库）。

2008年金融危机后出现首轮并购浪潮，2010年吉利并购沃尔沃成为标志性案例。但此阶段也暴露出"重规模轻整合"的问题，并购成功率不足40%（麦肯锡研究）。

2. 政策创新突破

此阶段政策演进体现三个特点。

审批简化：2004年《境外投资项目核准暂行管理办法》建立核准制。

金融支持：2005年进出口银行设立专项贷款额度。

风险防控：2009年《境外投资管理办法》建立全流程监管体系。

2011年"走出去"战略写入"十二五"规划，政策支持体系基本成型。

（四）高质量发展阶段（2013年至今）

1. 新阶段特征

在"一带一路"倡议引领下，跨国并购呈现显著变化。

投资结构：高新技术领域占比提升至39%（商务部《2022年度中国对外投资统计公报》）。

主体构成：民营企业交易金额占比达54%（国家发展改革委《中国民营企业对外投资分析报告（2023）》）。

整合能力：并购后三年存活率提升至68%（德勤《2023中国海外并购可持续发展报告》）。

2020年新冠疫情后，数字经济、健康医疗成为新增长点，如腾讯并购芬兰游戏公司Supercell的案例。

2. 政策体系升级

新时代政策创新体现在以下方面。

负面清单管理：2018年《境外投资敏感行业目录》。

合规体系建设：2021年《企业境外经营合规管理指引》。

双循环协同：2022年《关于推进对外投资合作高质量发展的指导意见》。

党的二十大报告提出"提升国际循环质量和水平"，为未来发展指明方向。

二、中国企业跨国并购的现状分析与挑战应对

（一）中国企业跨国并购概况

根据历年《中国对外直接投资统计公报》（以下简称《公报》）数据，2004—2021年中国企业跨国并购（《公报》中记录的并购事项的并购方的最终持股比例不小于10%）金额总体呈上升趋势，在2007年、2009年、2018年、2019年大幅度下降。2016年中国企业跨国并购交易额达到了1353.3亿美元，为历年最高值，约是2004年的45.1倍、2007年的21.5倍，如表3-3所示。中国企业跨国并购金额在2016年同比增长148.6%，之后4年一直处于下降趋势，直到2021年较上年有12.9%的提高，但总金额只有318.3亿美元，仅约为2016年的23.5%。

表3-3 2004—2021年中国企业跨国并购情况

年 份	并购金额/亿美元	同比/%	比重/%
2004	30.0	—	54.4
2005	65.0	116.7	53.0
2006	82.5	26.9	39.0
2007	63.0	−23.6	23.8
2008	302.0	379.4	54.0
2009	192.0	−36.4	34.0
2010	297.0	54.7	43.2
2011	272.0	−8.4	36.4
2012	434.0	59.6	31.4

续表

年 份	并购金额/亿美元	同比/%	比重/%
2013	529.0	21.9	31.3
2014	569.0	7.6	26.4
2015	544.4	−4.3	25.6
2016	1353.3	148.6	44.1
2017	1196.2	−11.6	21.1
2018	742.3	−37.9	21.7
2019	342.8	−53.8	12.6
2020	282.0	−17.7	10.7
2021	318.3	12.9	11.4

从跨国并购资金中直接投资部分占当年全国对外直接投资流量的比重来看，2004—2021年整体呈下降趋势，跨国并购所占用的对外直接投资呈阶段性下降趋势，如图3-1所示。从近十年跨国并购的资金来源来看，跨国并购金额中直接投资占比2012—2016年均在60%左右，最高为2015年的68.5%，2017年直接投资占比降至28%，而后几年平稳回升至2021年的63.9%，如图3-2所示。

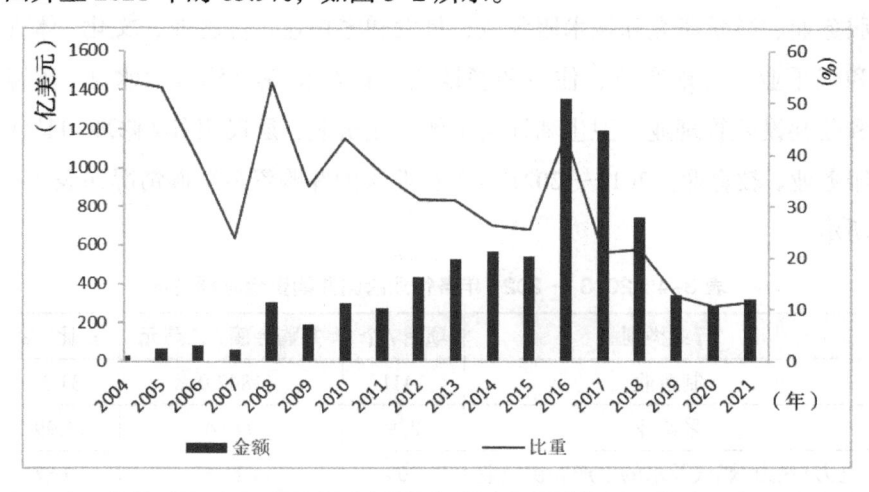

注：比重为并购金额中直接投资部分占当年对外直接投资的比重。

图3-1　中国企业跨国并购金额及比重情况

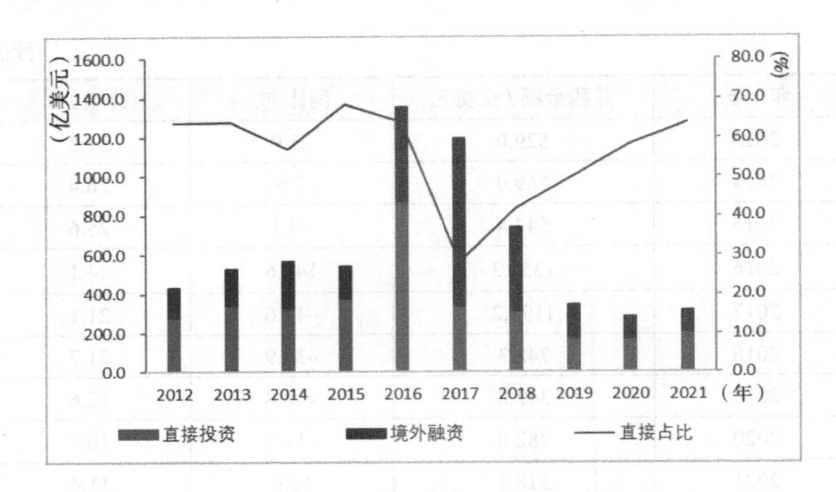

图 3-2　中国企业跨国并购资金来源占比情况

（二）中国企业跨国并购行业分布

近年来，中国企业跨国并购行业分布广泛，涉及 18 个行业大类。分别是制造业、采矿业、电力/热力/燃气及水的生产和供应业、信息传输/软件和信息技术服务业、交通运输/仓储和邮政业、租赁和商务服务业、科学研究和技术服务业、批发和零售业、金融业、文化/体育和娱乐业、房地产业、住宿和餐饮业、农/林/牧/渔业、水利/环境和公共设施管理业、卫生和社会工作、建筑业、居民服务/修理和其他服务业、教育业。2013—2021 年各行业跨国并购资金总额情况如表 3-4 所示。

表 3-4　2013—2021 年各行业跨国并购资金总额情况

行业类别	项目/个	并购金额/亿美元	占比/%
制造业	1411	1842.0	31.3
采矿业	239	940.4	15.99
电力/热力/燃气及水的生产和供应业	209	621.5	10.57
信息传输/软件和信息技术服务业	512	585.2	9.95
交通运输/仓储和邮政业	123	379.3	6.45

续表

行业类别	项目/个	并购金额/亿美元	占比/%
租赁和商务服务业	427	302.4	5.1
金融业	66	274.2	4.66
房地产业	123	183.0	3.1
住宿和餐饮业	46	163.9	2.78
批发和零售业	616	151.5	2.58
科学研究和技术服务业	424	124.6	2.1
文化/体育和娱乐业	85	95.7	1.6
农/林/牧/渔业	204	88.8	1.5
水利/环境和公共设施管理业	22	50.4	0.86
卫生和社会工作	25	31.2	0.5
建筑业	42	20.0	0.3
居民服务/修理和其他服务业	57	15.0	0.26
教育业	28	9.5	0.16
总计	4659	5878.6	100.0

数据来源：《中国对外直接投资统计公报》。

2013—2021年跨国并购总额达5878.6亿美元，前三大行业总计3403.9亿美元，约占此期间并购总金额的57.9%。

其中，占比最高的是制造业，其并购金额为1842.0亿美元，占比约为31.3%，并且在这几年间都位居第一或第二，是中国企业跨国并购规模最大的一个行业。制造业的跨国并购额从2013年至2017年逐年上升，2017年达到最大额607.2亿美元，之后开始递减。直到2021年，制造业并购额为63亿美元，约占当年并购额的19.8%，如图3-3所示。

第二是采矿业，并购金额为940.4亿美元，约占总金额的16.0%，2013年和2014年采矿业在所有行业中位居第一，后来受大宗商品价格低迷的影响有所下降，在2021年升至第三位。采矿业的跨国并购金额在2013—2015年大幅下降，从342.3亿美元降至53.2亿美元，随后几

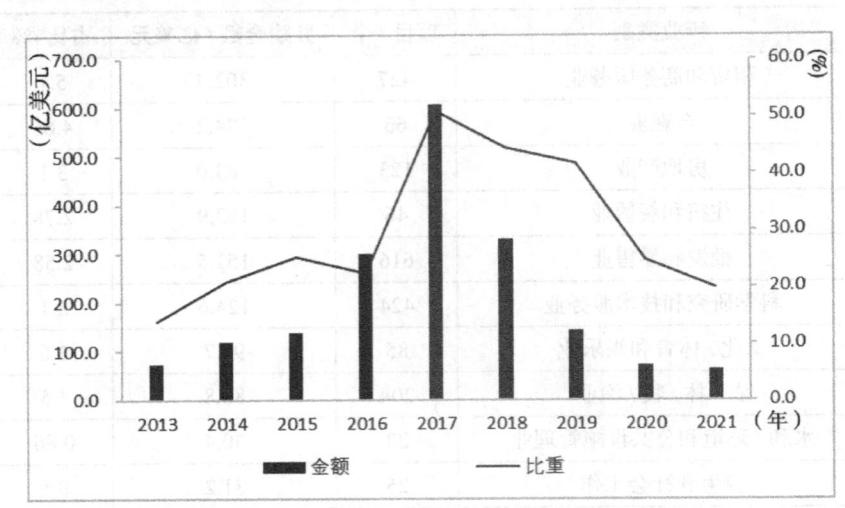

年上下波动，但整体规模相比 2013 年下降很多，如图 3-4 所示。

图 3-3　制造业并购额及比重

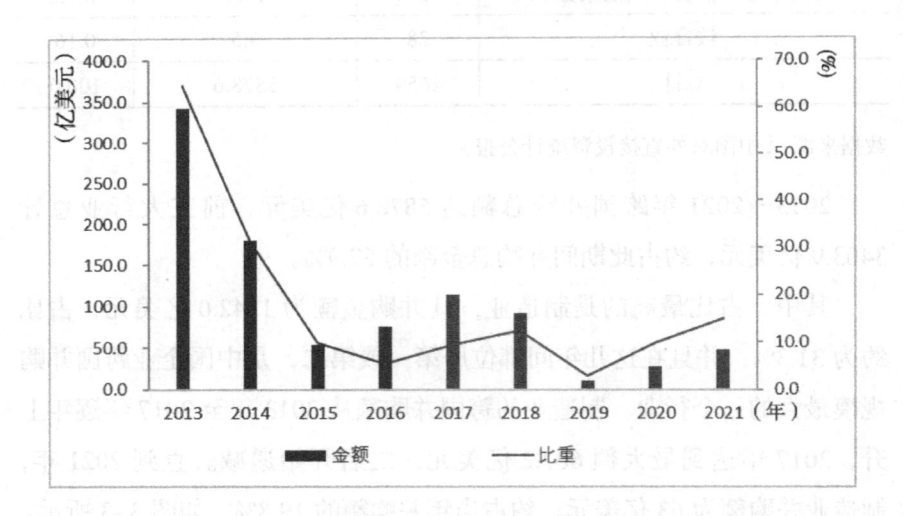

图 3-4　采矿业并购额及比重

第三是电力/热力/燃气及水的生产和供应业，跨国并购金额为 621.5 亿美元，占总金额的 10.6%。该行业除 2013 年、2015 年和 2019 年大幅波动外，其他年份并购额均维持在每年 80 亿美元至 110 亿美元，

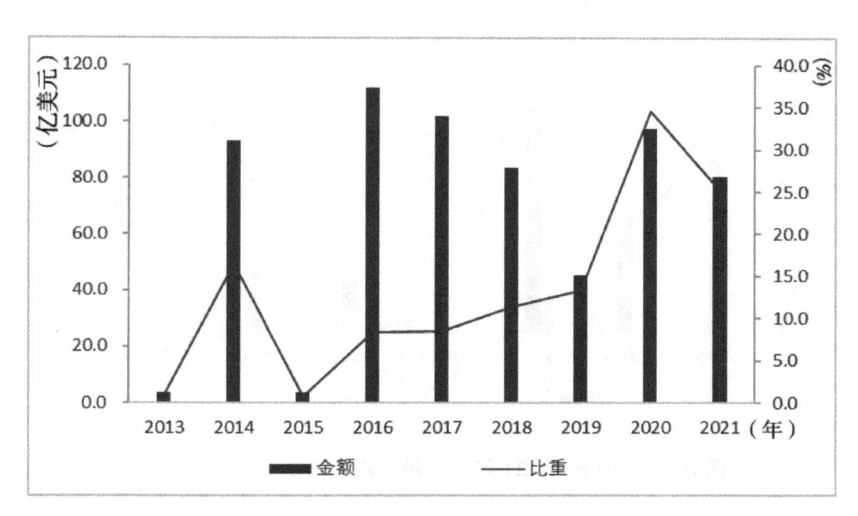

从整体情况来看其在所有行业中位列第三，如图 3-5 所示。

图 3-5 电力/热力/燃气及水的生产和供应业并购额及比重

（三）国家和地区分布

中国企业跨国并购的目的地涉及全球多个国家和地区，近十年每年分布的国家和地区都在 50 个以上，最多的年份为 2016 年，达到 74 个。在近几年中，中国企业主要投资地区是亚洲、欧洲和北美洲，尤其是在亚洲地区的投资占很大比重。对欧洲的投资中涉及的主要国家是德国、英国；对北美洲国家的投资主要是发生在美国，2015 年和 2016 年中国企业海外并购投资金额最高的国家是美国。

在 2013 年国家提出共同建设"丝绸之路经济带"和"21 世纪海上丝绸之路"的倡议之后，中国企业对"一带一路"沿线与参与国家企业的并购事项数量和投资金额有一定上升。2018 年和 2019 年中国企业跨国并购项目在全球各国经济普遍下滑的大环境下减少。2020 年开始稳步提升。2021 年对共建"一带一路"国家和地区企业的投资并购规模达 62.3 亿美元，约占总金额的 19.6%，如图 3-6 所示。

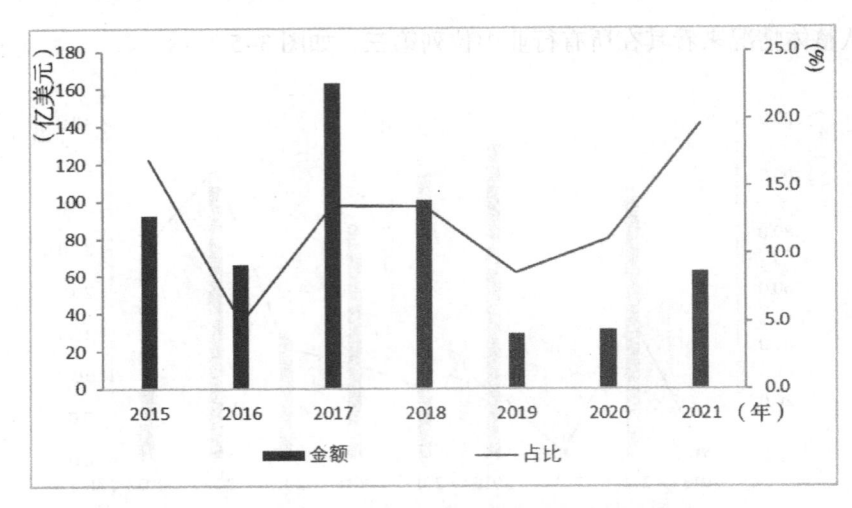

图 3-6　2015—2021 年"一带一路"国家并购额及占比

（四）中国企业跨国并购年度情况

2021 年跨国并购总体规模有所回升，如表 3-5 和图 3-7 所示，实际交易总额为 318.3 亿美元，比上年增长约 12.9%。其中，直接投资为 203.5 亿美元，约占并购总额的 63.9%，约占当年中国对外直接投资总额的 11.4%；境外融资为 114.8 亿美元，约占并购总额的 36.1%；企业共实施对外投资并购项目 505 起，涉及 59 个国家和地区。行业分布上，对外投资并购涉及电力/热力/燃气及水的生产和供应业、制造业、采矿业等 17 个行业大类。从并购金额上看，电力/热力/燃气及水的生产和供应业并购金额为 80.3 亿美元，居首位，涉及 44 个项目。制造业并购金额为 63 亿美元，位居第二，涉及 128 个项目。采矿业并购金额为 47.4 亿美元，居第三位，涉及 25 个项目。对外投资并购分布在全球 59 个国家和地区，从并购金额上看，智利、巴西、印度尼西亚、美国、西班牙、新加坡、德国位列前茅。对共建"一带一路"国家投资并购规模显著增长，并购金额为 62.3 亿美元，较上年增长 97.8%，占并购总额的 19.6%，涉及实施并购项目 92 个。其中，印度尼西亚、新加坡、越南、哈萨克斯坦、阿拉伯联合酋长国、埃及、土耳其吸引中国企业并购投资均超 3 亿美元。

表 3-5 2021 年中国企业跨国并购行业分布情况

行业类别	项目/个	并购金额/亿美元	占比/%
电力/热力/燃气及水的生产和供应业	44	80.3	25.2
制造业	128	63.0	19.8
采矿业	25	47.4	14.9
交通运输/仓储和邮政业	20	32.8	10.3
租赁和商务服务业	38	27.9	8.8
科学研究和技术服务业	84	15.9	5.0
信息传输/软件和信息技术服务业	70	13.7	4.3
批发和零售业	58	12.6	4.0
金融业	4	8.7	2.7
文化/体育和娱乐业	3	4.5	1.4
卫生和社会工作	4	3.4	1.1
建筑业	5	2.9	0.9
居民服务/修理和其他服务业	2	2.6	0.8
其他	20	2.5	0.8
总计	505	318.2	100.0

数据来源：《中国对外直接投资统计公报》。

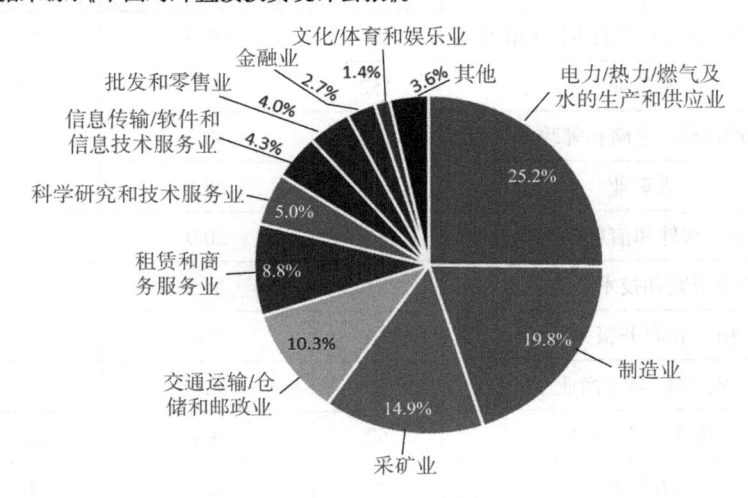

图 3-7 2021 年中国企业跨国并购前十大行业占比情况

2020年中国企业共实施对外投资并购项目513个，涉及61个国家和地区，实际交易总额为282亿美元，同比下降约17.7%。其中，直接投资为164.8亿美元，约占并购总额的58.4%，占当年中国对外直接投资总额的10.7%；境外融资为117.2亿美元，约占并购总额的41.6%。行业分布上，对外投资并购涉及电力/热力/燃气及水的生产和供应业、制造业、交通运输/仓储和邮政业等16个行业大类。从并购金额上看，电力/热力/燃气及水的生产和供应业为97.5亿美元，居首位，涉及27个项目。制造业为69.7亿美元，位居第二，涉及152个项目。交通运输/仓储和邮政业为33.1亿美元，居第三位，涉及17个项目。对外投资并购分布在全球61个国家和地区。从并购金额上看，秘鲁、美国、智利、加拿大、法国、巴西、尼日利亚和阿曼位列前茅。对共建"一带一路"国家实施并购项目84个，并购金额为31.5亿美元，约占并购总额的11.1%。其中，阿曼、印度尼西亚、新加坡、斯里兰卡和菲律宾吸引中国企业并购投资均超1亿美元。2020年中国企业跨国并购行业情况相关信息如表3-6和图3-8所示。

表3-6　2020年中国企业跨国并购行业分布情况

行业类别	项目/个	并购金额/亿美元	占比/%
电力/热力/燃气及水的生产和供应业	27	97.5	34.6
制造业	152	69.7	24.7
交通运输/仓储和邮政业	17	33.1	11.7
采矿业	12	27.5	9.8
信息传输/软件和信息技术服务业	87	20.0	7.1
科学研究和技术服务业	81	14.3	5.1
租赁和商务服务业	34	7.4	2.6
农/林/牧/渔业	19	4.1	1.5
批发和零售业	62	3.8	1.4
建筑业	5	2.8	1.0

续表

行业类别	项目/个	并购金额/亿美元	占比/%
教育业	3	0.6	0.2
居民服务/修理和其他服务	6	0.4	0.1
文化/体育和娱乐业	3	0.4	0.1
其他	5	0.4	0.1
总计	513	282.0	100.0

数据来源:《中国对外直接投资统计公报》。

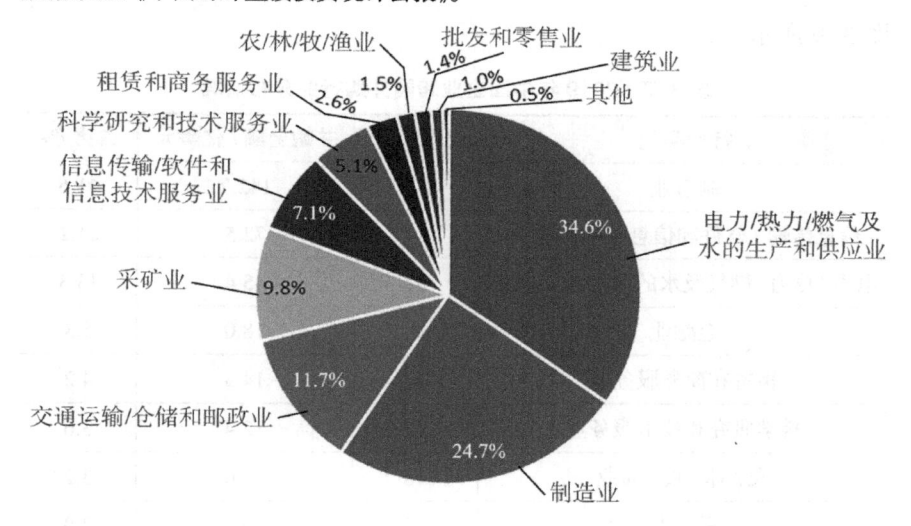

图 3-8 2020 年中国企业跨国并购前十大行业占比情况

2019 年中国企业跨国并购金额有所下降,企业共实施对外投资并购项目 467 个,涉及 68 个国家和地区,实际交易总额为 342.8 亿美元,同比下降约 53.8%。其中,直接投资为 172.2 亿美元,约占并购总额的 50.2%,约占当年中国对外直接投资总额的 12.6%;境外融资为 170.6 亿美元,约占并购金额的 49.8%。行业分布上,中国企业对外投资并购涉及制造业、信息传输/软件和信息技术服务业、电力/热力/燃气及水的生产和供应业等 18 个行业大类。从并购金额上看,制造业为 142.7 亿美元，位居首位，涉及 179 个项目；信息传输/软件和信息技术服务业为 72.5 亿美元，位居第二，涉及 49 个项目；电力/热力/燃气及水的生产和供应业为 45.4 亿美元，居第三位，涉及 31 个项目。对外投资并购分布在全球 68 个国家和地区，从并购金额上看，芬兰、德国、法国、巴西、英国、秘鲁和新加坡位列前茅。对共建"一带一路"国家实施并购项目 91 个，并购金额为 29.4 亿美元，约占并购总额的 8.6%。其中，新加坡、科威特、马来西亚吸引中国企业并购投资超 5 亿美元。2019 年中国企业跨国并购行业情况相关信息如表 3-7 和图 3-9 所示。

表 3-7 2019 年中国企业跨国并购行业分布情况

行业类别	项目/个	并购金额/亿美元	占比/%
制造业	179	142.7	41.6
信息传输/软件和信息技术服务业	49	72.5	21.2
电力/热力/燃气及水的生产和供应业	31	45.4	13.3
金融业	8	18.0	5.3
租赁和商务服务业	33	14.3	4.2
科学研究和技术服务业	47	12.4	3.6
农/林/牧/渔业	18	11.0	3.2
采矿业	17	10.0	2.9
批发和零售业	48	8.7	2.5
交通运输/仓储和邮政业	11	2.8	0.8
文化/体育和娱乐业	7	1.6	0.5
房地产业	2	1.5	0.4
住宿和餐饮业	1	0.8	0.2
教育业	5	0.6	0.2
其他	11	0.5	0.1
总计	467	342.8	100.0

数据来源：《中国对外直接投资统计公报》。

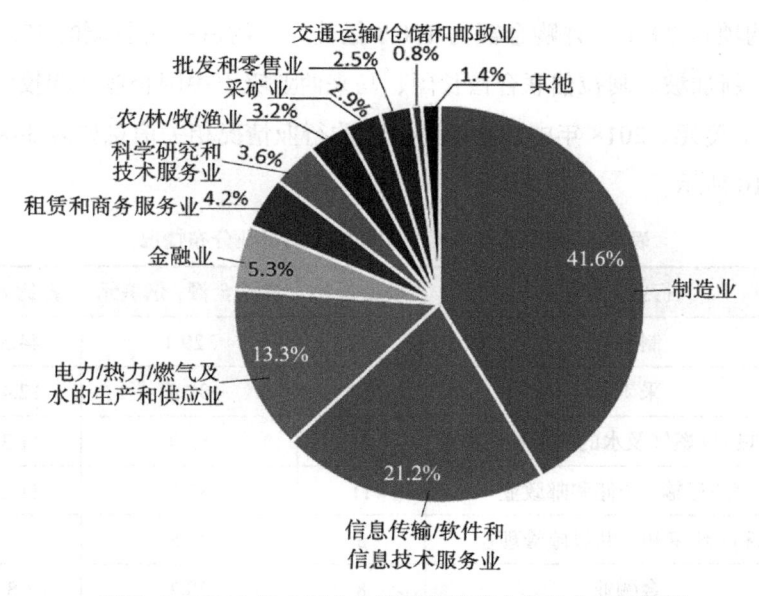

图 3-9　2019 年中国企业跨国并购前十大行业占比情况

2018 年，中国企业跨国并购金额较前一年有所下降，制造、采矿、电力、交通、水利等基础设施领域并购活跃。中国企业共实施对外投资并购项目 433 个，涉及 63 个国家和地区，实际交易总额为 742.4 亿美元（剔除上年特大项目因素，规模基本持平）。其中直接投资为 310.9 亿美元，约占并购总额的 41.9%，约占当年中国对外直接投资总额的 21.7%；境外融资为 431.5 亿美元，约占并购金额的 58.1%。行业分布上，对外投资并购涉及制造业、采矿业、电力/热力/燃气及水的生产和供应业等 18 个行业大类。从并购金额上看，制造业为 329.1 亿美元，同比减少约 45.8%，位居首位，涉及 162 个项目。采矿业为 91.8 亿美元，同比减少约 19.5%，位居第二。电力/热力/燃气及水的生产和供应业为 83.9 亿美元，同比减少约 17.7%，居第三位。交通运输/仓储和邮政业为 83 亿美元，同比增长约 48.7%。中国企业对外投资并购分布在全球 63 个国家和地区，从实际并购金额上看，德国、法国、巴西、智利、瑞典、新加坡、美国和澳大利亚位列前茅。中国企业对共建"一带一路"国家实施并购项目 79 个,并购金额为 100.3 亿美元,约占并购总额的 13.5%。其中,新加坡、阿拉伯联合酋长国、马来西亚吸引中国企业并购投资超过 10 亿美元。2018 年中国企业跨国并购行业情况相关信息如表 3-8 和图 3-10 所示。

表 3-8　2018 年中国企业跨国并购行业分布情况

行业类别	项目 / 个	并购金额 / 亿美元	占比 /%
制造业	162	329.1	44.3
采矿业	27	91.8	12.4
电力 / 热力 / 燃气及水的生产和供应业	26	83.9	11.3
交通运输 / 仓储和邮政业	11	83.0	11.2
水利 / 环境和公共设施管理业	5	37.8	5.1
金融业	8	28.3	3.8
租赁和商务服务业	26	15.9	2.1
科学研究和技术服务业	46	15.5	2.1
农 / 林 / 牧 / 渔业	18	14.8	2.0
批发和零售业	35	13.9	1.9
信息传输 / 软件和信息技术服务业	38	12.0	1.6
房地产业	3	3.5	0.5
卫生和社会工作	3	3.5	0.5
教育业	7	3.2	0.4
居民服务 / 修理和其他服务业	3	3.2	0.4
建筑业	9	1.3	0.2
其他	6	1.7	0.2
总计	433	742.4	100.0

数据来源:《中国对外直接投资统计公报》。

农/林/牧/渔业 2.0%
批发和零售业 1.9%
科学研究和技术服务业 2.1%
其他 3.8%
租赁和商务服务业 2.1%
金融业 3.8%
水利/环境和公共设施管理业 5.1%
交通运输/仓储和邮政业 11.2%
电力/热力/燃气及水的生产和供应业 11.3%
采矿业 12.4%
制造业 44.3%

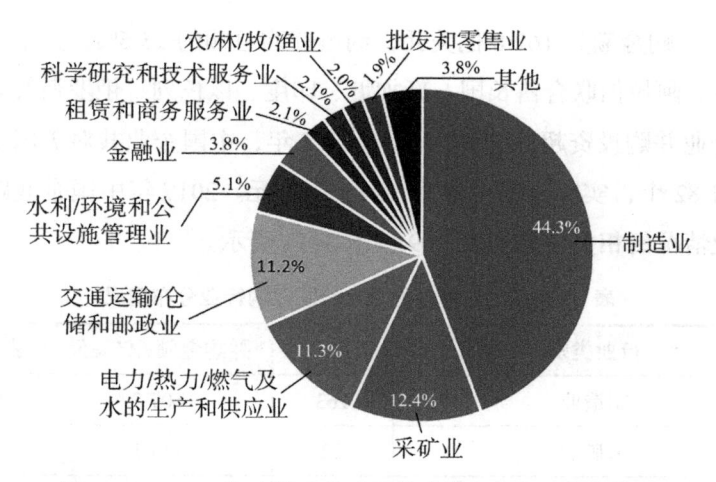

图3-10 2018年中国企业跨国并购前十大行业占比情况

2017年中国企业跨国并购依旧活跃，共实施完成并购项目431个，涉及56个国家和地区，实际交易总额为1196.4亿美元。其中直接投资为334.7亿美元，约占并购总额的28%，约占当年中国对外直接投资总额的21.1%；境外融资为861.5亿美元，规模较上年高出七成，约占并购总额的72%，是企业境外融资规模最大的年份。中国化工集团以421亿美元收购瑞士先正达公司98.06%股权是2017年中国企业"走出去"实施的最大海外并购项目，同时也是当年全球跨境并购第二大项目。行业分布上，对外投资并购涉及制造业、采矿业、电力/热力/燃气及水的生产和供应业等18个行业大类。从并购金额上看，制造业为607.2亿美元，约是上年的2倍，居首位，涉及163个项目。采矿业为114.1亿美元，约同比增长52.1%，居第二；中石油集团与华信集团收购阿布扎比国家石油公司12%股权是该领域年度最大金额并购项目。电力/热力/燃气及水的生产和供应业为101.9亿美元，同比下降约9%，居第三位。对外投资并购分布在全球56个国家和地区，从实际并购金额上看，瑞士、美国、德国、巴西、英国、印度尼西亚、澳大利亚、阿拉伯联合酋长国和新加坡位列前茅。对共建"一带一路"国家和地区企业实施并购项目

76 个，并购金额为 162.8 亿美元，约占并购总额的 13.6%。其中，印度尼西亚、阿拉伯联合酋长国、新加坡、印度、以色列、俄罗斯等国吸引中国企业并购投资超过 10 亿美元。2017 年，中国企业共对美国实施并购项目 82 个，实际交易金额为 120.3 亿美元。2017 年中国企业跨国并购行业情况的相关信息如表 3-9 和图 3-11 所示。

表 3-9　2017 年中国企业跨国并购行业分布情况

行业类别	项目 / 个	并购金额 / 亿美元	占比 /%
制造业	163	607.2	50.8
采矿业	22	114.1	9.5
电力 / 热力 / 燃气及水的生产和供应业	30	101.9	8.5
住宿和餐饮业	1	65.0	5.4
租赁和商务服务业	38	63.1	5.3
信息传输 / 软件和信息技术服务业	42	61.2	5.1
交通运输 / 仓储和邮政业	13	55.8	4.7
金融业	4	34.2	2.9
批发和零售业	45	31.2	2.6
房地产业	9	25.2	2.1
卫生和社会工作	5	11.7	1.0
科学研究和技术服务业	28	11.2	0.9
农 / 林 / 牧 / 渔业	13	8.1	0.7
文化 / 体育和娱乐业	5	5.8	0.5
其他	13	0.7	—
总计	431	1196.4	100.0

数据来源：《中国对外直接投资统计公报》。

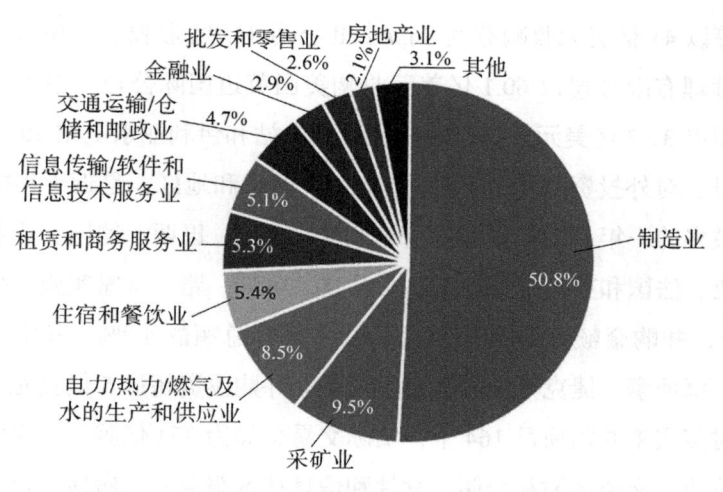

第三章 文化距离与中国企业跨国并购发展历程及现状分析

图 3-11 2017 年海外并购前十大行业占比情况

2016 年是中国企业对外投资最为活跃的年度，共完成并购项目 765 个，涉及 74 个国家和地区，实际交易总额为 1353.3 亿美元。其中，直接投资为 865 亿美元，约占并购总额的 63.9%，约占当年中国对外直接投资总额的 44.1%；境外融资为 488.3 亿美元，约占并购金额的 36.1%。中国信达资产管理股份有限公司以 88.8 亿美元收购南洋商业银行 100% 股份，是 2016 年中国企业"走出去"实施的最大海外并购项目。行业分布上，对外投资并购涉及制造业、信息传输/软件和信息技术服务业、交通运输/仓储和邮政业、电力/热力/燃气及水的生产和供应业等 18 个行业大类。从并购金额上看，制造业为 301.1 亿美元，约同比增长 119.5%，位居首位，涉及 200 个项目；信息传输/软件和信息技术服务业为 264.1 亿美元，约同比增长 214.0%，位列第二；交通运输/仓储和邮政业为 137.9 亿美元，约同比增长 756.5%，位居第三位；电力/热力/燃气及水的生产和供应业为 112.1 亿美元，约同比增长 29.5 倍，位居第四位。

上述 4 个行业中，交易金额最大的项目分别是青岛海尔股份有限公司以 55.8 亿美元收购美国通用电气公司家电业务项目、腾讯控股有限公司等以 41 亿美元收购芬兰 Supercell 公司 84.3% 股权、天津天海物流投资管理有限公司以 60.1 亿美元收购美国英迈国际公司、中国长江三峡集团以 37.7 亿美元并购巴西朱比亚水电站和伊利亚水电站 30 年经营权项目。对外投资并购分布在全球 74 个国家和地区，是近十年中涉及国家最多的一年，从实际并购金额上看，美国、巴西、德国、芬兰、澳大利亚、法国和英国位列前茅。对共建"一带一路"国家实施并购项目 115 个，并购金额为 66.4 亿美元，约占并购总额的 4.9%。其中，马来西亚、柬埔寨、捷克等国家吸引中国企业并购投资超过 5 亿美元。中国企业对美实施并购项目 164 个，实际交易金额为 354 亿美元，主要分布在制造业、交通运输和仓储、软件和信息技术服务业、房地产业、文化娱乐业等领域，包括海航的天津天海物流投资管理有限公司以 60.1 亿美元收购美国英迈国际公司、青岛海尔股份有限公司以 55.8 亿美元收购美国通用电气公司家电业务项目、万达集团以 28 亿美元收购美国传奇影业等项目。2016 年中国企业跨国并购行业情况相关信息如表 3-10 和图 3-12 所示。

表 3-10　2016 年中国企业跨国并购行业分布情况

行业类别	项目/个	并购金额/亿美元	占比/%
制造业	200	301.1	22.3
信息传输/软件和信息技术服务业	109	264.1	19.5
交通运输/仓储和邮政业	21	137.9	10.2
电力/热力/燃气及水的生产和供应业	17	112.1	8.3
金融业	13	97.9	7.2
租赁和商务服务业	77	95.3	7.0
房地产业	59	92.7	6.9
采矿业	29	75.0	5.5
住宿和餐饮业	15	54.7	4.0
文化/体育和娱乐业	22	44.1	3.3

续表

行业类别	项目/个	并购金额/亿美元	占比/%
批发和零售业	82	28.2	2.1
科学研究和技术服务业	53	24.5	1.8
卫生和社会工作	4	8.1	0.6
农/林/牧/渔业	33	6.7	0.5
教育业	10	4.7	0.3
水利/环境和公共设施管理业	8	3.3	0.2
居民服务/修理和其他服务业	6	2.1	0.2
建筑业	7	0.8	0.1
总计	765	1353.3	100.0

数据来源：《中国对外直接投资统计公报》。

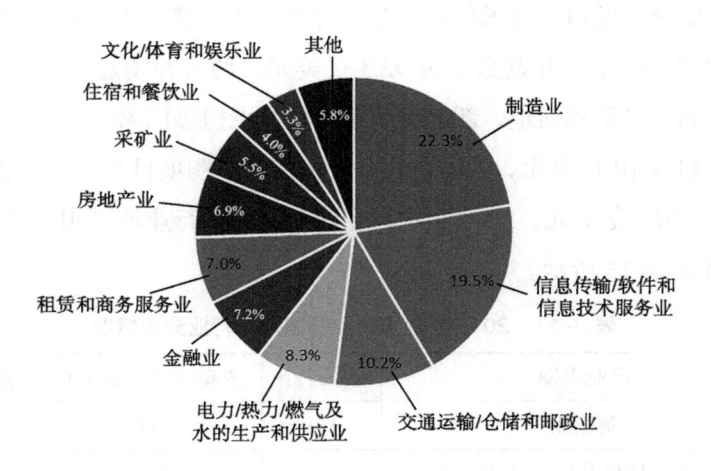

图 3-12　2016 年中国企业跨国并购前十大行业占比情况

2015 年中国企业共实施对外投资并购项目 579 个，涉及 62 个国家和地区，实际交易总额为 544.4 亿美元。其中直接投资为 372.8 亿美元，约占并购交易总额的 68.5%，约占当年中国对外直接投资总额的 25.6%；境外融资为 171.6 亿美元，约占并购金额的 31.5%。中国化工橡胶有限公司以 52.9 亿美元收购意大利倍耐力集团公司近 60% 的股份，是 2015 年中国企业实施的最大海外并购项目。行业分布上，对外投资并购涉及制造业、信息传输/软件和信息技术服务业、金融业、采矿业、文化/体育和娱乐业、租赁和商务服务业等 18 个行业大类，相比 2014 年新增了水利/环境和公共设施管理业的并购项目。从并购金额上看，制造业为 137.2 亿美元，约同比增长 15.5%，位居首位，涉及 131 个项目；信息传输/软件和信息技术服务业为 84.1 亿美元，约同比增长 135.6%，位列第二；金融业为 66.1 亿美元，约同比增长 217.8%，主要并购项目有中国民生投资股份有限公司以 17.9 亿美元全资收购天狼星保险集团等；受全球大宗商品市场持续低迷等因素影响，采矿业并购遇冷，金额较上年下降约 70.3%。对外投资并购项目分布在全球 62 个国家和地区，从实际并购金额上看，美国、意大利、澳大利亚、荷兰、以色列、哈萨克斯坦、英国位列前茅。对共建"一带一路"相关国家实施并购项目 101 个，并购金额为 92.3 亿美元，约占并购总额的 17%。其中以色列、哈萨克斯坦、新加坡、俄罗斯、老挝等国家吸引中国企业并购投资超过 10 亿美元。中国企业共对美实施并购项目 97 个，实际交易金额为 130.5 亿美元。2015 年中国企业跨国并购行业情况相关信息如表 3-11 和图 3-13 所示。

表 3-11　2015 年中国企业跨国并购行业分布情况

行业类别	项目/个	并购金额/亿美元	占比/%
制造业	131	137.2	25.2
信息传输/软件和信息技术服务业	58	84.1	15.5
金融业	18	66.1	12.1
采矿业	24	53.2	9.8
文化/体育和娱乐业	21	32.3	5.9
租赁和商务服务业	77	31.3	5.7
住宿和餐饮业	11	27.1	5.0

续表

行业类别	项目/个	并购金额/亿美元	占比/%
批发和零售业	81	26.6	4.9
房地产业	21	20.7	3.8
科学研究和技术服务业	43	17.6	3.2
交通运输/仓储和邮政业	11	16.1	3.0
建筑业	9	11.2	2.1
水利/环境和公共设施管理业	4	8.8	1.6
卫生和社会工作	10	4.3	0.8
电力/热力/燃气及水的生产和供应业	5	3.8	0.7
农/林/牧/渔业	37	2.6	0.5
居民服务/修理和其他服务业	12	1.2	0.2
教育业	6	0.2	—
总计	579	544.4	100.0

数据来源：《中国对外直接投资统计公报》。

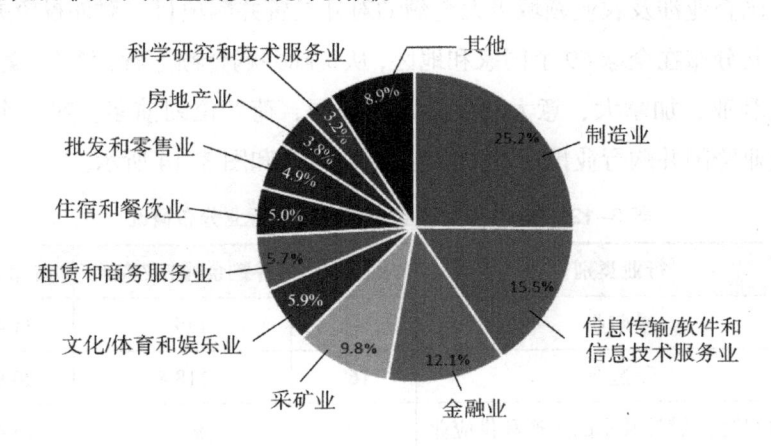

图3-13　2015年海外并购前十大行业占比情况

2014年中国企业共实施对外投资并购项目595个，涉及69个国家和地区，实际交易总额为569.1亿美元。其中直接投资为324.8亿美元，约占并购交易总额的57.1%，约占当年中国对外直接投资总额的

26.4%；境外融资为 244.2 亿美元，约占并购金额的 42.9%。中国五矿集团公司联营体以 58.5 亿美元收购秘鲁拉斯邦巴斯铜矿项目，是 2014 年中国企业实施的最大海外并购项目。行业分布上，跨国并购涉及采矿业、制造业、电力/热力/燃气及水的生产和供应业、信息传输/软件和信息技术服务业、农/林/牧/渔业、租赁和商务服务业等 17 个行业大类。受全球大宗商品市场持续低迷等因素的影响，采矿业并购金额虽然保持首位，涉及海外并购项目 40 个，但从上年的 342.3 亿美元大幅下滑到 179.1 亿美元，约同比下降 47.7%；制造业涉及并购项目 167 个，并购金额为 118.8 亿美元，约同比增长 62.3%，位列第二；电力/热力/燃气及水的生产和供应业涉及并购项目 18 个，并购金额达 93.1 亿美元，是上年的 26.6 倍，位列第三，国家电网公司以 26.3 亿美元收购意大利存贷款能源公司 35% 股权项目是本领域年度最大金额并购项目；农/林/牧/渔业涉及并购项目 43 个，并购金额为 35.6 亿美元，约是上年的 6 倍，中粮集团公司以 15 亿美元收购来宝农业有限公司 51% 股权项目，是中国企业涉及农业领域极大金额的对外投资并购项目。对外投资并购项目共分布在全球 69 个国家和地区，从实际并购金额上看，秘鲁、美国、澳大利亚、加拿大、意大利、德国、法国、荷兰位列前茅。2014 年中国企业跨国并购行业情况相关信息如表 3-12 和图 3-14 所示。

表 3-12　2014 年中国企业跨国并购行业分布情况

行业类别	项目/个	并购金额/亿美元	占比/%
采矿业	40	179.1	31.4
制造业	167	118.8	20.9
电力/热力/燃气及水的生产和供应业	18	93.1	16.4
信息传输/软件和信息技术服务业	36	35.7	6.3
农/林/牧/渔业	43	35.6	6.3
租赁和商务服务业	58	25.3	4.4
金融业	10	20.8	3.7

续表

行业类别	项目/个	并购金额/亿美元	占比/%
交通运输/仓储和邮政业	16	17.7	3.1
批发和零售业	117	15.1	2.7
房地产业	16	8.6	1.5
住宿和餐饮业	12	8.0	1.4
科学研究和技术服务业	26	5.8	1.0
居民服务/修理和其他服务业	13	3.6	0.6
文化/体育和娱乐业	11	1.0	0.2
建筑业	7	0.6	0.1
卫生和社会工作	3	0.2	—
教育业	2	0.1	—
总计	595	569.1	100.0

数据来源：《中国对外直接投资统计公报》。

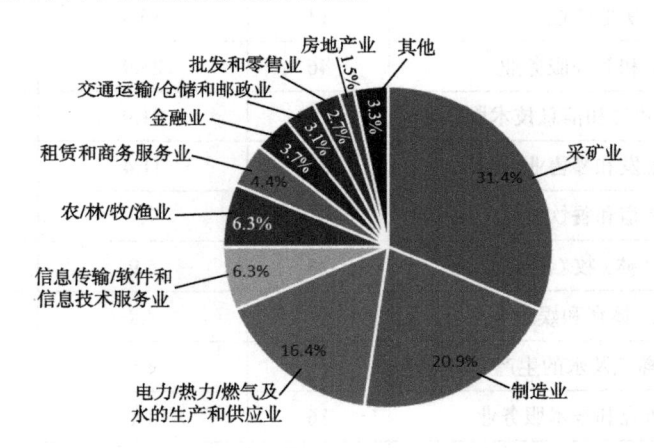

图 3-14 2014 年中国企业跨国并购前十大行业占比情况

2013 年中国企业共实施海外并购项目 424 个，涉及 70 个国家和地区，实际交易总额为 529 亿美元，其中直接投资为 337.9 亿美元，约占当年中国对外直接投资总额的 63.9%；境外融资为 191.1 亿美元，约占并购金额的 36.1%。当年并购涉及采矿业、制造业、房地产业、租赁和商务服务业、信息传输/软件和信息技术服务业、批发和零售业等 16 个行业大类。中国海洋石油总公司以 148 亿美元收购加拿大尼克森公司 100% 股权项目，创 2013 年中国企业跨国并购金额之最。行业分布上，当年跨国并购涉及采矿业、制造业、房地产业等 16 个行业大类。从并购金额上看，采矿业虽然只涉及 43 个并购项目，但金额达到了 342.3 亿美元，约占并购总金额的 64.7%，位居首位；制造业的并购金额为 73.2 亿美元，约占并购总金额的 13.8%，涉及 129 个并购项目，位列第二；房地产业的并购金额为 30.8 亿美元，约占并购总金额的 5.8%，位列第三，如表 3-13 和图 3-15 所示。

表 3-13　2013 年中国企业跨国并购行业分布情况

行业类别	项目/个	并购金额/亿美元	占比/%
采矿业	43	342.3	64.7
制造业	129	73.2	13.8
房地产业	13	30.8	5.8
租赁和商务服务业	46	21.9	4.1
信息传输/软件和信息技术服务业	23	21.9	4.1
批发和零售业	88	11.4	2.2
住宿和餐饮业	5	7.7	1.5
农/林/牧/渔业	23	5.9	1.1
文化/体育和娱乐业	8	4.8	0.9
电力/热力/燃气及水的生产和供应业	11	3.5	0.7
科学研究和技术服务业	16	3.1	0.6
居民服务/修理和其他服务业	11	1.8	0.3
其他	8	0.7	0.2
总计	424	529.0	100.0

数据来源：《中国对外直接投资统计公报》。

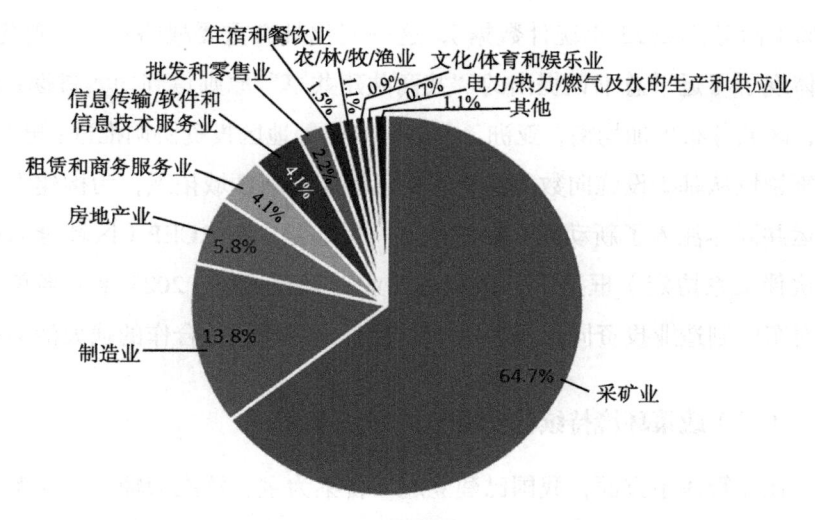

图 3-15　2013 年中国企业跨国并购前十大行业占比情况

（二）规模与结构特征呈现高质量发展态势

从总量规模来看，中国企业的跨国并购已进入稳定发展新阶段。根据 Mergermarket 最新统计数据，2022 年中国企业跨境并购交易总额达到 631 亿美元，在全球跨境并购市场中的占比提升至 9.2%，稳居全球第二位。这一成绩的取得，充分体现了在党中央的坚强领导下，我国对外开放战略取得的显著成效。特别值得注意的是，在全球经济复苏乏力的背景下，中国企业的跨国并购仍保持较强韧性，这主要得益于国内大循环的主体作用的不断增强，为对外投资提供了坚实基础。

从行业结构分析，当前的并购活动已形成"三足鼎立"的格局。其中，高新技术产业并购占比达 32%，主要集中在半导体、生物医药等关键领域；先进制造业占比 28%，体现了《"十四五"智能制造发展规划》的落实成效；现代服务业占比 25%，主要集中在金融科技、数字经济等新兴领域。这种结构变化表明，中国企业跨国并购正从传统的资源获取型向技术驱动型和价值创造型转变，完全符合高质量发展的要求。

从区域布局看，"一带一路"沿线和参与国家投资占比已提升至

47%（商务部2023年统计数据），这一变化具有重要战略意义。首先，这体现了习近平总书记提出的"共商共建共享"原则得到切实贯彻；其次，区域分布更加均衡，亚洲、非洲、拉美等地区投资协调推进；再次，投资领域从基础设施向数字经济、绿色能源等新领域拓展，为构建人类命运共同体注入了新动能。特别值得一提的是，在RCEP（区域全面经济伙伴关系协定）框架下，区域内产业链整合加速，2023年上半年中国对东盟制造业投资同比增长35%，显示出区域经贸合作的强大活力。

（三）政策环境持续优化提供制度保障

在监管体系方面，我国已建立起"备案为主、核准为辅"的新型管理模式。这一制度创新主要体现在三个方面：一是大幅简化审批流程，将境外投资核准时限压缩至20个工作日；二是建立负面清单制度，除涉及敏感国家和地区、敏感行业的项目外，一律实行备案管理；三是推行"单一窗口"服务模式，实现商务、外汇、海关等部门数据共享。这些改革举措有效落实了国务院"放管服"改革要求，为企业开展跨国并购提供了制度便利。

金融服务体系取得突破性进展。在多边开发银行联合融资机制建设方面，我国已与亚洲基础设施投资银行、新开发银行等国际金融机构建立战略合作关系。截至2023年6月，通过联合融资机制支持的项目已达47个，总金额超过120亿美元。同时，跨境人民币使用规模持续扩大，2022年人民币跨境支付金额同比增长36%，为跨国并购提供了更便利的结算渠道。这些金融创新充分体现了党中央关于"稳步推进人民币国际化"的战略部署。

风险防控体系更加完善。当前已构建起"五位一体"的海外利益保护体系，包括：政治风险预警机制、法律风险防范机制、金融风险对冲机制、安全风险应急机制和文化风险化解机制。特别是在党的二十大后，外交部牵头建立了"海外中国公民和机构安全保护工作部际联席会议"

制度，实现了风险防控的协同联动。这套体系在实践中发挥了重要作用，2022年成功处置各类海外风险事件120余起，有力维护了我国企业和公民的合法权益。

（四）应对挑战需要系统施策

政治风险防范亟待加强。近年来，美欧等国以"国家安全"为由强化投资审查，2022年中国企业受阻的交易达47起，涉及金额78亿美元。面对这一挑战，我们需要采取三方面的措施：一是建立国别政治风险评估机制，定期发布风险预警；二是优化投资架构，探索通过第三国子公司开展并购；三是加强国际规则研究，善用WTO争端解决机制维护权益。这些措施的实施，将有效落实中央关于"统筹发展和安全"的重要指示精神。

文化整合能力需要提升。麦肯锡研究显示，中国企业跨国并购后三年内的文化冲突发生率高达65%，严重影响协同效应的发挥。破解这一难题，建议从三个层面着手：并购前开展文化尽职调查，将文化匹配度纳入决策指标；并购后实施文化融合专项计划，建立跨文化管理团队；长期培育全球化企业文化，提升文化包容性。这些做法完全符合习近平总书记关于"文明交流互鉴"的重要论述。

ESG（环境、社会和治理）合规压力需要积极应对。随着全球ESG标准不断提高，中国企业的合规成本平均增加25%。对此，我们应当：第一，建立与国际接轨的ESG管理体系，参照联合国《负责任投资原则》完善制度；第二，加强ESG信息披露，主动接受国际社会监督；第三，培养专业人才队伍，提升ESG治理能力。这些举措将有力促进中国企业更好地践行新发展理念，展现负责任的大国企业形象。

总体而言，当前中国企业的跨国并购正处于转型升级的关键期。我们要以习近平新时代中国特色社会主义思想为指导，坚持问题导向和目标导向相结合，在危机中育新机、于变局中开新局，推动跨国并购高质量发展，为构建新发展格局做出更大贡献。这既是贯彻落实党的二十大精神的必然要求，也是实现中华民族伟大复兴的必由之路。

三、发展展望与政策建议

（一）未来发展趋势

在新发展格局构建和高质量发展战略引领下，中国企业的跨国并购将呈现三个方面的深化发展：

第一，领域聚焦将更加突出国家战略需求。半导体、新能源、人工智能等关键技术领域将成为并购重点，这既是突破"卡脖子"技术瓶颈的必然选择，也是实现科技自立自强的关键路径。根据工信部《"十四五"智能制造发展规划》要求，到2025年关键工序数控化率将达70%，这必然推动相关领域的跨境技术并购加速。同时，在"双碳"目标指引下，全球新能源产业链的并购整合将持续升温，预计2025年前将形成数个具有国际竞争力的新能源跨国企业集团。

第二，并购模式将更加注重风险防控与协同效应。联合并购（如"央企+民企"组合）、分阶段并购等创新模式将更受青睐。这种模式创新既符合国务院国资委《关于中央企业境外投资监管的指导意见》中"审慎稳妥"的原则要求，又能有效规避单边主义抬头的政治风险。特别是在美欧强化投资审查的背景下，通过引入战略投资者、采用股权置换等方式，可以显著提升并购成功率。

第三，区域布局将深度对接国家开放战略。随着RCEP全面实施，区域内产业链供应链的深度融合将催生新一轮并购浪潮。商务部数据显示，2023年上半年中国对RCEP成员国并购投资同比增长23.6%，预计这一趋势将在"十四五"期间持续强化。同时，在"一带一路"高质量发展推进中，基础设施、数字经济等领域的并购合作将向"小而美"项目转型，更好践行共商共建共享原则。

（二）系统性政策建议

为服务国家高水平对外开放战略，需要构建三位一体的政策支持体系。

首先，亟须建立"国家风险评级"预警体系。建议由国家发展改革委牵头，整合外交部、商务部等部门资源，参照《对外投资合作重点国别（地区）安全预警指南》的标准，建立动态更新的国别风险数据库。该体系应包含政治、法律、市场等维度的指标，并通过"走出去"公共服务平台实现实时预警，切实落实总体国家安全观要求。

其次，要完善跨境金融服务生态。重点落实人民银行《关于金融支持"一带一路"建设的指导意见》，构建"政策性金融＋商业金融＋开发性金融"的协同体系。具体包括：扩大跨境人民币结算规模，试点并购贷款资产证券化；支持中资银行与国际多边金融机构建立联合融资机制；探索建立境外并购保险专项资金，为企业提供全面风险保障。

最后，实施跨国并购人才培养专项工程。建议人力资源和社会保障部会同教育部制定《国际化经营管理人才培养行动计划》，重点培养三类人才：熟悉国际规则的并购谈判专家、精通跨境整合的运营管理人才、掌握ESG标准的合规监管人才。可通过"校企联合培养＋实战轮训＋海外挂职"的模式，在五年内建成万人规模的国际化人才库，为构建新发展格局提供人才支撑。

（三）战略发展结论

中国企业的跨国并购历经改革开放四十余年的发展演进，已从最初的探索尝试阶段，逐步发展为与国家战略深度协同、与市场规律高度契合的成熟模式。在当前世界百年变局加速演进、中华民族伟大复兴进入关键时期的历史节点，跨国并购作为构建新发展格局的重要抓手，必须坚持三个基本方向。

一是始终服务于国家重大战略需求。要紧紧围绕科技自立自强、产业链供应链安全等国家战略目标，引导并购资源向关键领域集聚。二是坚持市场化、法治化、国际化原则。在《境外投资条例》等法规框架下，推动企业建立现代公司治理结构，提升合规经营水平。三是注重高质量发展内涵。按照党的二十大报告提出的"提升国际循环质量和水平"要求，从追求规模扩张转向注重价值创造，培育更多具有全球竞争力的世界一流企业。

面向未来，需要政府部门、市场主体、金融机构形成合力，共同完善"政策引导＋市场运作＋风险防控"的体制机制，推动中国企业的跨国并购在更高水平、更广领域、更深层次实现高质量发展，为全面建设社会主义现代化国家做出新的更大贡献。

第四章

文化距离对跨国并购企业创新影响的实证分析

第一节 研究设计

中国企业跨国并购经历了萌芽探索阶段、规范发展阶段、加速增长阶段、高质量发展阶段。自2018年以来，中国企业的跨国并购热度开始出现下降。这与复杂的国际经济形势和跨国投资的审核从严息息相关，中国企业跨国并购进入了新的阶段。与此同时，中国跨国并购企业的经营绩效问题多发，亏损以及技术外溢并不及预期，因此，对于中国这一最大的发展中国家而言，深入研究影响跨国并购企业创新的因素及途径，具有十分重要的战略和实践意义。

企业跨国并购涉及文化的冲突和融合，文化距离是否促进跨国并购企业的创新是学术界和企业界一直争论的焦点。一部分观点认为，文化作为身份认同的重要标志使得企业海外并购过程中并购参与方更倾向于选择文化相近的企业，排斥文化差异较大的对象，导致企业与并购东道国企业难以交流和分享不同观点，甚至影响企业的战略决策，从而增加企业内部交易成本，不利于母公司技术创新。其中，Halkos和Tzeremes（2008）、Shirodkar和Konara（2017）分别通过研究世界非金融百强跨国企业、17个新兴市场国家的10562家企业样本验证了上述结果。Beugelsdijk等（2017）通过对156篇文献的meta分析发现文化距离对海外子公司的绩效有着较强的负面影响，进而影响母公司创新。另一部分观点认为，文化的多样性意味着思想和技能上的多样性，从而延伸到管理技巧、产品生产上的互补提升，同时也为决策者全面收集和处理全球化经营成本和收益的相关信息提供了更多视角，降低了技术创新的风险和成本，使得母公司能获取更高的经济效率、超额利润，进而促进技术创新。Azar 和 Drogendijk（2016）使用了瑞典 186 家公司的数据，均验证了此观点。

上述两类观点并不矛盾，它们均体现了文化距离影响并购企业创新的重要路径，即负向的文化认同效应和正向的文化互补效应，这两条路径的影响存在此消彼长的关系，因此样本不同可能会得出不同结论，这取决于东道国与中国的新文化差异模式是遵循"相似吸引"原则还是"反向共鸣"原则。中国作为跨国并购规模最大的发展中国家和四大文明古国之一，文化距离是否影响跨国并购企业的创新，文化的不同维度如何对跨国并购企业创新产生作用，以及这种影响是否受到其他因素的调节，这些都是本章将要解决的问题。

第二节　文化距离影响跨国并购企业创新的作用机理及调节作用

本节试图基于跨国并购企业的创新传导路径分析文化距离对企业创新可能产生的作用。李自杰和高璆崚（2016）提出跨国并购企业的创新战略传导模型"消化——整合——运用"。消化路径是指相似知识库的强化吸收和互补性知识库的创新吸收过程。整合路径是指对组织的效率与灵活性进行恰当整合。运用路径是指将获得的知识整合后，根据企业自身特点进行运用，以及进行知识再创造，这是持续创新的前提。在现有研究提出的创新传导模型基础上，本书引入"转移路径"分析框架，探讨文化距离对中国跨国并购企业创新的影响机制。此处"转移路径"是指目标方的相似性和互补性的技术知识向并购方转移。

一、作用机理

(一) 转移路径

中国企业在跨国并购过程中获取逆向知识转移，可以促进企业的知识储备和技术创新，从而提高中国企业的核心竞争优势。作为知识的接收方，目标企业的知识转移意愿和逆向知识转移通道是影响知识转移效率和程度的关键因素。而其中文化距离中的放纵／约束维度和不确定性规避则会影响逆向知识流动的通畅度和目标企业的知识转移意愿。

组织情境是指特定的环境和背景，放纵和约束指的是两种截然不同的文化类型。放纵型文化强调行为自由不受约束，有较低的自我监管和冲动控制，偏好坦白直率的表达；约束型文化有较强的社会规范，避免人们偏离规范的行为，强调横向、直觉型思维。在跨国并购中，目标方与并购方的专业知识均嵌入其本土文化背景下，知识转移必然受到一系列情境因素的影响。不同企业处于不同的情境，形成了企业知识的情境范围，从而决定并限定了企业知识转移的范围。情境的相似程度是企业进行有效知识转移的重要因素。

具体来说，放纵型文化倡导坦率的表达沟通方式，而约束型文化提倡隐晦式沟通，双方沟通方式的不同导致知识转移困难，降低了知识转移效率。在跨国并购中，并购双方在知识转移中的思维方式、激励机制、情境模式不同，两国放纵约束差异越大，有效知识转移的可能性越低。研发投入方面，有效知识的低转移可能性和低效率可能会阻碍企业增加研发投入的决策和进度，导致其研发投入减少。研发产出方面，由于知识具有情境嵌入性，与创新相关的知识产生于特定情境，嵌入在企业特定的内外部情境中。即便知识转移成功，若脱离了特定的情境，同样的知识可能无法产生同样的效果，研发效率并未得到提升，这降低了并购企业的研发产出。因此，放纵约束差异会阻碍目标方向并购方企业的知识转移，导致并购方研发投入和研发产出减少。为此，本书提出假设 H1。

H1：放纵约束差异越大，并购企业的研发投入和研发产出越少。

不确定性规避是指社会成员对不确定性和模糊情境的集体容忍程度。根据 Hofstede 文化维度数据库，中国的不确定性规避得分为 30 分，表明中国社会对不确定性的容忍度较高。中国企业在进行跨国并购时，目标方不确定性规避得分大于中国企业，因此表现为弱不确定性规避的并购方和强不确定性规避的目标方，此时为不确定性规避逆差。当强不确定性规避企业面对弱不确定性规避企业时，其在识别创新机会和产生创新创意、实施创新行为、支持他人创新等方面会有较大的不确定性，甚至产生拒绝接受这方面信息的想法，从而负向影响创新。

具体来说，研发投入方面，跨国并购中的知识转移过程存在着不可回避的不确定因素和模糊因素，而强不确定性规避的目标方，知识转移意向相对较小，对接收方的信赖度不高，知识保护意识很强，容易担心对方得到关键技术后就会抛弃自己。这种不愿配合的内在动机严重制约了知识转移意愿，增加了知识转移难度和成本。在这种情况下，并购方会暂缓研发进度而选择先融合，因此减少了研发投入。研发产出方面，强不确定性规避的目标方对于弱不确定性规避的并购方通过知识转移获取创新知识、提升创新能力的想法具有风险回避性，会认为转移知识的投入与回报不成正比，不愿意直接转移技术，这会直接导致中国跨国并购企业研发产出的减少。弱不确定性规避的并购方转移意愿强，则会通过各种方式挖掘隐性知识，这反而会导致与强不确定性规避的目标方发生冲突。二者之间的知识转移过程会受阻，导致知识转移难以达到预期效果，使跨国并购企业研发投入和研发产出减少。因此，本书认为应提出假设 H2。

H2：不确定性规避逆差越大，并购企业的研发投入和研发产出越少。

（二）消化路径

知识消化过程是识别、整合外部知识，应用海外优质资源，将其进行转化，完成模仿到创新的质变过程。知识消化能力取决于双方信息流动的顺畅程度。

在权力距离较高的企业中，员工倾向于尊重和服从领导，有助于实施领导制定的战略，形成强有力的领导力；在低权力距离的企业中，组织成员认为权力结构和资源分布相对公平，愿意积极参与沟通交流，可以增进团队成员之间的理解与合作，使信息顺畅流动，提升知识分享程度。根据Hofstede的研究数据，中国的权力距离分值为80，在跨国并购时，中国企业主要目标方是发达国家企业，所以中国权力距离分值通常高于目标方，此时表现为权力距离顺差，意味着双方权力距离价值观对比强烈。该情形下，高权力距离的中国企业接触到低权力距离文化，高权力距离有助于产生强有力的战略领导力，有较大规模管控的集权体系与低权力距离文化中成员组织管控较松的分权体系相结合，可充分发挥主观能动性。这种结构差异能够帮助企业应对不一致的需求，从而有助于实现组织并行。平行结构能够帮助企业识别、理解与吸收双方的相似与互补技术。

具体来说，研发投入方面，低权力距离目标方使得异质性信息顺畅流动，异质性信息更能为并购方带来相关的异质性知识，从而使其获取互补性知识，当知识互补性较大时，高权力距离的并购方可以通过"学习效应"促进企业增加研发投入，弥补技术不足。研发产出方面，由于跨国并购过程中存在核心技术难易程度不同、技术人员学习能力不同和组织原始知识存在差异等情况，所以并购方对新技术的消化水平也难以相同。权力距离顺差越大，企业越容易拥有强有力的战略领导力和顺畅的沟通环境，这就为跨国并购企业获取知识后反复交流沟通、研究讨论及试错提供了条件，并购方才能完全消化对方的知识技术，从而越有利于互补性知识的消化，越有利于研发产出的增加。因此，本书提出假设H3。

H3：权力距离顺差越大，越有利于提高跨国并购企业的研发投入和研发产出。

（三）整合路径

整合路径是指企业将内部现有的知识信息与从外部获取的知识信息进行系统性整合，从而为企业提供实现信息共享、员工互动、解决问题的组织支持。对于目标方来说，企业的核心技术知识往往以隐秘而复杂的方式嵌入在企业专家和技术人员的头脑中以防止技术外流；对于并购方来说，往往愿意"以资金换技术"。因而具有对抗性。因此，想要顺利实现将目标企业的技术转移到并购方，就必须进行深度整合，这就会导致双方产生对抗行为，从而降低跨国并购的创新效率。其本质上是并购方的所有权与目标方的自主权的对立。

在具有集体主义文化特征的社会中，个体通常会把集体的目标放在第一位，重视与集体的联系和对集体的依赖，从而在一定程度上促进了内部的和谐。而个人主义则注重个人在群体内的平等和独立，个人以自己的利益为导向，以自己的需求、偏好来决定自己的行为。根据Hofstede文化维度理论，中国在个人主义维度得分为20，在世界范围内处于较低水平。当中国企业跨国并购高个人主义文化国家的企业时，集体主义文化的并购方将目标方看作群体的成员，希望目标方根据共有的目的和准则进行整合；而个人主义文化的目标企业更加独立，其行为可能不会被集体准则所束缚，所以其成员更愿意与并购方进行竞争以达成自己的目的，这就会导致双方产生利益冲突。因此，在并购之后的资源整合中，并购方倾向统一，目标方倾向议价，加剧资源整合难度，从而抑制并购后的企业创新能力。

具体来说，在研发投入方面，并购企业的资源共享导向和目标企业的议价特点会导致资源的整合费用上升，从而变相压缩企业研发投入，使得研发投入减少。研发产出方面，持个人主义文化的目标方强调企业的所有权，这会造成"代理问题"及企业内部竞争，从而阻碍企业间的合作与创新。产权与所有权的问题将导致并购双方在战略层面上的合作无法取得共识，从而影响并购创新。双方的地位之争会使双方的精力被转移，从而对并购效果和最终的合作效果产生不利影响，不利于促进并购方的创新。因此，本书提出假设H4。

H4：中国企业和目标方企业所在国的个人主义逆差越大，有效整合和预期协同效应的实现就越困难，对并购企业研发投入和研发产出的负面影响也就越大。

（四）运用路径

运用路径指的是并购企业基于现有的知识能力，在低成本获得先进技术的基础上，通过转移、消化和整合的路径运用并购获取的技术，同时结合双方技术可以进一步开发新产品，提升组织创新能力。运用路径强调通过开发性运用提升研发和创新能力。跨国并购企业的战略意图是双元的，既要保护已有的市场，利用已有的知识和技术获取利润，又要不断开发和运用新技术，提升自身能力以应对进一步的海外扩张。而两种战略行为相互竞争企业内部的有限资源，短期导向过度强调利用型战略会降低企业整体学习能力；长期导向过度强调运用型战略有可能会破坏企业已形成的成功示范和降低短期利润。长期导向的并购方和短期导向的目标方的组合能够有效利用两种战略，并使其互为补充。

中国具有长期导向文化，而中国企业进行跨国并购的目标企业多为短期导向文化，此时长期导向的并购方和短期导向的目标方所形成的组合，表现为长期导向的顺差。这种组合能够平衡利用型战略和运用型战略两个端点，通过协同和整合达到平衡状态。将跨国并购获取的技术进行不同层次的整合运用，并平衡战略意图的两个端点，有利于企业短期绩效和长期持续水平的提升。

具体来说，长期导向文化背景下的中国并购企业重点关注并购项目是否会产生未来技术创新的"种子"，而短期导向文化背景下的目标企业则注重权衡利润的短期损失和技术上的长期竞争力。在两种文化背景的管理方案下，利用型战略受到短期导向文化影响提升效率，获得稳定收益；运用型战略受长期导向文化的影响追求创新研发，探索创新点。中国并购企业依托目标方深厚的技术储备和创新能力，又结合并购方在人员和资金调配及执行力上的优势，缩短了产品设计创新周期，促进了研发产出。同时，突破性创新产生的新技术成果能够帮助企业增强财务实力，而雄厚的财务实力又有利于企业加大研发投入，二者会形成良性循环。因此，本书提出假设 H5。

H5：长期导向顺差越大，对并购企业研发投入和研发产出的促进作用越强。

而本部分关注的文化的其中一个维度——阳刚-阴柔气质，属于文化性格中长期形成的底层逻辑，对"转移——消化——整合——运用"整个传导路径具有影响。柔性文化强调灵活性、适应性和快速反应性，因此更易接受改变和包容多样性。柔性文化目标国企业在整个传导路径中能够促进资源向并购企业转移、消化、整合以及运用，从而促进并购企业的研发投入和研发产出。而刚性文化则表现为对环境的变化和刺激较为敏感，不易接受改变，处于相对稳定和守恒的状态，因此，刚性文化目标国企业在资源转移、消化、整合以及运用等整个路径上容易排斥并购企业，不易合作，从而会抑制并购企业的研发投入和研发产出。根据 Hofstede 文化维度理论，中国在阳刚-阴柔气质维度得分接近 0，这意味着中国与并购方的刚柔性文化处于一部分逆差和一部分顺差的状态，因此当中国企业进行跨国并购时，阳刚-阴柔气质文化对并购企业创新的影响因样本特征而异。据此，本书提出假设 H6。

H6：阳刚 – 阴柔气质对并购企业研发投入和研发产出的作用受到样本影响，具体的作用方向不确定。

二、调节作用

（一）企业所有制的调节作用

首先，国有企业职工更加注重层级管理和集体主义，同时为了避免人情关系，更加注重制度设计，相对更具刚性企业文化特征，因此会体现出国有企业在权力距离、集体主义等文化维度上具有较强的集体主义特征和刚性管理倾向。根据上文的分析，当中国企业与东道国企业权力距离对比强烈时，中国企业权力距离顺差越大，越能有效促进企业创新能力提高；集体主义逆差越大，企业创新能力越弱。

其次，当并购方为国有企业时，国有企业的规模更大，股权更多由国家或集体持有，其本身肩负着重要的政府职能，这一方面使得国有企业在跨国并购时有更强的风险抵御能力，另一方面使企业拥有更多的谈判权，国有企业有更便捷的融资渠道，可享受到税收优惠、政府资金支持等政策红利。这从而减少了文化距离导致的外来者劣势，使得企业研发投入得到相对增加，促进了知识、技术、人力等资源的转移，并推动研发产出增加。此外，国有企业在获取国家掌握的核心科技和资源方面具有较大的先天优势，减少了外部环境的不确定因素，从而提高了企业创新能力。

当并购企业为其他企业时，具有更高的自主性和灵活性，但是在海外经营环境中，在投资、融资、税收等方面却会受到一定的制约，同时抵御风险能力不及国企强，这就会增加企业内部交易成本，创新活动更容易受到社会文化环境的影响，从而导致研发投入和研发产出减少。因此，本书提出假设 H7。

H7：国有企业性质正向调节文化距离对中国跨国并购企业研发投入和研发产出的影响。

（二）经济自由度的调节作用

经济自由度具体包括劳动力、资本要素、商品市场和金融市场的自由度，上述要素和市场的自由度均与跨国并购紧密相关。劳动力要素和资本要素的自由流动均为跨国并购企业提供了充足的人力资源和资本保障，而商品市场和金融市场的自由度则为并购企业提供了有力的商品流通和资本流动保障。大部分跨国企业会选择在金融市场和商品市场相对自由的国家投资。

一方面，经济自由度越高，越可以弥补文化距离所造成的冲突性影响。企业在跨国并购时会因其自身特点和不同动机，选择不同东道国，当其经济自由度较高时，它提供的有利商业、投资、金融等环境，会化解文化差异引发的冲突，促进并购后的"转移——消化——整合——运用"流程更加顺畅，从而使得并购企业的创新能力相应提高。

另一方面，在经济自由度高的东道国市场环境中，企业面对的是竞争更为激烈的市场，要想避免被市场淘汰，就必须进一步加强竞争优势，贸然实施创新策略具有一定风险。因此，在高度自由化且竞争激烈的市场中，竞争压力会放大文化差异的负面影响，东道国企业可能对外来并购方采取抵制和不合作的行为，进而抑制并购企业的研发投入并减少研发产出。综合以上两方面，本书提出假设 H8。

H8：经济自由度对文化距离与中国跨国并购企业的研发投入、研发产出之间的关系存在调节作用，但调节方向不确定。

第三节 实证设计

一、变量选取

本书研究了文化距离及其各维度对中国跨国并购企业创新的影响，并进一步研究了企业性质和经济自由度对文化距离和企业创新能力之间关系的调节作用，因此被解释变量是创新能力，解释变量是文化距离及其六维度，调节变量是企业性质和经济自由度。为防止企业特征带来的异方差问题，本书进一步引入了企业规模、资产负债率、上市年限、企业成长性、国家创新能力、教育质量、产权保护、政府效率、当地市场竞争程度、反垄断效应、国际分销渠道、当地研发支出这类控制变量。各变量的衡量指标说明如下。

（一）被解释变量

有很多方法可以衡量企业技术创新水平，从现有的研究来看，国内外学者主要用新产品、专利或研发相关的指标衡量创新水平。在本书的实证分析中，我们采用研发费用来表示企业技术创新投入。企业的创新活动具有周期长、不确定性高、失败率高等特点，其过程难以直接观察，而专利是企业保护其知识产权的重要手段。利用企业专利情况可以更加准确地反映企业的技术创新成果。专利的构成十分复杂,具体包括发明、实用新型和外观设计3种类型，它们都能体现企业创新水平。本书假设企业为其大多数创新发明申请专利，因此企业申请的专利为其创新水平提供了一个很好的指标。本书借鉴了Corngaaia的方法,通过专利的申请、授权和获得来衡量企业的研发产出指标。

（二）解释变量

本书主要研究文化距离是否会促进中国跨国并购企业创新。因此，解释变量为国家之间的文化距离。对于文化距离的测量，本书采用 Kogut 和 Singh 提出的以文化六维度为基础的文化距离计算方法：

$$CD_j = \sqrt{\sum_{i=1}^{6}[(I_{ij} - I_{ic})^2 / V_i]} \quad (4-1)$$

其中，I_{ij} 为东道国 j 的第 i 个文化维度，V_i 为第 i 个文化维度的方差，c 为母国，CD_j 为中国 c 与东道国 j 之间的文化距离。

分别采用 PDID、IDVD、UAID、MASD、LTOD、IVRD 表示中国单个的文化维度与东道国单个文化维度的距离，具体的计算公式如式（4-2）：

$$\begin{aligned}
&\text{PDID} = \text{PDI}(\text{中国}) - \text{PDI}(\text{东道国}) \\
&\text{IDVD} = \text{IDV}(\text{中国}) - \text{IDV}(\text{东道国}) \\
&\text{UAID} = \text{UAI}(\text{中国}) - \text{UAI}(\text{东道国}) \\
&\text{MASD} = \text{MAS}(\text{中国}) - \text{MAS}(\text{东道国}) \\
&\text{LTOD} = \text{LTO}(\text{中国}) - \text{LTO}(\text{东道国}) \\
&\text{IVRD} = \text{IVR}(\text{中国}) - \text{IVR}(\text{东道国})
\end{aligned} \quad (4-2)$$

权力距离越大，则 PDI 越大；个体主义价值观越强则 IDV 越大，集体主义价值观越强则 IDV 越小；刚性主义越强则 MAS 越大，柔性主义越强则 MAS 越小；不确定性规避越弱则 UAI 越小，不确定性规避越强则 UAI 越大；长期导向越强则 LTO 越大；放纵文化越强则 IVR 越大。六个维度取值都是 0～100，50 是中间值，得分低于 50 分的国家在这一维度上的文化得分较低，而 50 分及以上被视为高分。例如，在长期导向和短期导向的文化维度上，50 分被归为短期导向，50 分及以上被归为长期导向，每一个文化维度相关的得分都可以通过 Hofstede 文化维度理论官网获取。

（三）调节变量

调节变量是指改变自变量对因变量影响程度或方向的变量。企业在进入海外市场进行跨国并购的过程中，企业性质会给以后的国际化扩张带来很大的帮助。根据文献综述和理论分析，如果是国有企业，由于政府的支持，国有企业在融资税收方面具有的优势，将会提高其研发投入和研发产出，对冲文化距离导致的整合困难，国有属性的企业能够减少文化距离过大对企业经营绩效的影响。我们选择将企业性质作为调节变量，设企业性质为哑变量，即国有企业为1，其他企业为0。经济自由度数据来自世界经济自由度指数。

（四）控制变量

为了更好地说明文化距离对中国跨国并购企业创新的影响，我们控制了文献中常用的企业层面和国家层面的相关变量。

企业层面的控制变量如下。

（1）企业规模。文献中一般采用总资产、企业员工人数或销售总额来衡量企业规模，但对于不同行业而言，劳动密集度、销售总额均因产品种类及产品生产周期不同而具有很大差别，因此很难选取一个公正的指标。为了避免企业因为规模大小的差别所形成的估计误差，我们用企业总资产进行对数化处理来衡量企业规模。

（2）资产负债率。根据 Desyllas 和 Hughes（2010）的研究，资产负债率可能会影响企业的研发投入和研发产出，因此用企业负债与资产的比值来测度。

（3）上市年限。即用当年与企业上市年份的差距来测度。

（4）企业成长性。选用营业收入增长率来测度。

国家差异不仅体现在其他文化维度上，还体现在政策制度的差异使并购活动产生不确定性上，这些都会影响跨国并购的整合效果。因此，本书加入如下国家层面的控制变量。

（1）国家创新能力：指标数值越大表示国家创新能力越强。

（2）教育质量：指标数值越大表示教育质量越好。

（3）产权保护：指标数值越大表示国家产权保护得越好。

（4）政府效率：指标数值越大表示政府效率越高。

（5）当地市场竞争程度：指标数值越大表示当地竞争越激烈。

（6）反垄断效应：指标数值越大表示反垄断效应越好。

（7）国际分销渠道：指标数值越大表示国际分销渠道越好。

（8）当地研发支出：指标数值越大表示当地研发支出越多。

以上国家层面数据变量（1）—（7）采用1—7分李克特量表，表示从最差到最好，数据来自全球竞争力指数。

二、数据来源与样本选择

本书选取2008—2019年中国沪深A股进行跨国并购的上市企业为样本，跨国并购事件样本来自国泰安CSMAR数据库。衡量文化距离的六个维度数据来源于Hofstede官网。并购企业的财务数据主要来源于汤姆金森金融数据库、Wind数据库，以及各企业年报。

参考前人研究，本书的样本选择原则如下。

（1）本书的研究样本只包括已经完成且披露了交易金额的并购事件。

（2）并购方企业一次性收购目标企业50%以上的股份，或者并购方企业一次性收购目标企业股份不到50%，但合计持有该企业50%以上股份。

（3）剔除了在维尔京群岛、开曼群岛、百慕大群岛等地区进行并购的企业。

（4）一年内多次并购相同国家的企业在当年只计一次。

（5）剔除了缺失并购企业财务数据的并购事件。

另外，为保证分析结论的准确和可信，还对数据做了以下处理，为避免异常值对回归结果的影响，对几个主要连续变量进行了1%的

Winsorize 缩尾处理。共得到 3234 个样本数据，涉及 50 个国家，主要变量定义如表 4-1 所示。

表 4-1 主要变量定义

变量类型	变量代码	变量名称	变量定义
被解释变量	YFTR	研发投入	企业研发投入
	YFCC	研发产出	企业每年新增专利数量
解释变量	CD	文化距离	中国与东道国总体文化差异程度
	D1	权力距离差异	中国与东道国权力距离差异程度
	D2	集体-个体主义差异	中国与东道国集体-个体主义差异程度
	D3	阳刚-阴柔气质	中国与东道国阳刚-阴柔气质差异程度
	D4	不确定性规避差异	中国与东道国不确定性规避差异程度
	D5	长期-短期导向差异	中国与东道国长期-短期导向差异程度
	D6	放纵约束差异	中国与东道国放纵约束差异程度
调节变量	EN	企业性质	国有企业或者非国有企业
	EF	经济自由度	经济开放程度
控制变量	SIZE	企业规模	企业总资产取对数
	Period	上市年限	当年年份值-企业上市年份值
	Growth	企业成长性	（本年营业收入-上年营业收入）/上年营业收入
	LEV	资产负债率	总负债/总资产
	Locinnov	国家创新能力	东道国创新能力
	Edu	教育质量	东道国教育质量
	Property protect	产权保护	东道国产权保护力度
	Govern efficiency	政府效率	东道国政府效率
	Loccompet	当地市场竞争程度	东道国当地市场竞争程度
	Locanti	反垄断效应	东道国的反垄断效力
	Locdistr	国际分销渠道	东道国国际分销渠道
	Local RD	当地研发支出	东道国研发支出情况

三、模型设定

本书首先考察了文化距离对中国跨国并购企业创新的影响。在这一部分，我们首先设立模型 4-3 和模型 4-4，引入文化距离（CD）这一解释变量和被解释变量研发投入与研发产出。

$$YFTR_{it} = \beta_0 + \beta_1 CD_{it} + \beta_2 X_{it} + \varepsilon \quad (4-3)$$

$$YFCC_{it} = \beta_0 + \beta_1 CD_{it} + \beta_2 X_{it} + \varepsilon \quad (4-4)$$

随后以文化距离六维度作为解释变量，考察其对中国跨国并购企业创新的影响，并设立模型 4-5 和模型 4-6。

$$YFTR_{it} = \beta_0 + \beta_1 DN_{it} + \beta_2 X_{it} + \varepsilon \quad (4-5)$$

$$YFCC_{it} = \beta_0 + \beta_1 DN_{it} + \beta_2 X_{it} + \varepsilon \quad (4-6)$$

在模型 4-2 和模型 4-6 中，$N=1$，2，3，4，5，6，表示文化各维度距离，即 PDID、IDVD、UAID、MASD、LTOD、IVRD。YFTR 代表研发投入，YFCC 代表研发产出，X 表示一系列控制变量。

随后，本书检验企业所有制结构和经济自由度在文化距离对中国跨国并购企业创新影响中的调节作用，引入了企业所有制（EN）和经济自由度（EF），以及其与文化距离的交互项，如模型 4-7 至模型 4-14 所示。

$$YFTR_{it} = \beta_0 + \beta_1 CD_{it} + \beta_2 ED_{it} + \beta_3 CD_{it} \times ED_{it} + \beta_4 X_{it} + \varepsilon \quad (4-7)$$

$$YFCC_{it} = \beta_0 + \beta_1 CD_{it} + \beta_2 ED_{it} + \beta_3 CD_{it} \times ED_{it} + \beta_4 X_{it} + \varepsilon \quad (4-8)$$

$$YFTR_{it} = \beta_0 + \beta_1 DN_{it} + \beta_2 ED_{it} + \beta_3 DN_{it} \times ED_{it} + \beta_4 X_{it} + \varepsilon \quad (4-9)$$

$$YFCC_{it} = \beta_0 + \beta_1 DN_{it} + \beta_2 ED_{it} + \beta_3 DN_{it} \times ED_{it} + \beta_4 X_{it} + \varepsilon \quad (4-10)$$

$$YFTR_{it} = \beta_0 + \beta_1 CD_{it} + \beta_2 ED_{it} + \beta_3 CD_{it} \times EF_{it} + \beta_4 X_{it} + \varepsilon \quad (4-11)$$

$$YFCC_{it} = \beta_0 + \beta_1 CD_{it} + \beta_2 ED_{it} + \beta_3 CD_{it} \times EF_{it} + \beta_4 X_{it} + \varepsilon \quad (4-12)$$

$$YFTR_{it} = \beta_0 + \beta_1 DN_{it} + \beta_2 ED_{it} + \beta_3 DN_{it} \times EF_{it} + \beta_4 X_{it} + \varepsilon \quad (4-13)$$

$$YFCC_{it} = \beta_0 + \beta_1 DN_{it} + \beta_2 ED_{it} + \beta_3 DN_{it} \times EF_{it} + \beta_4 X_{it} + \varepsilon \quad (4-14)$$

四、描述性统计

表 4-2 所示的是变量的描述性统计，从被解释变量的角度来看，中国跨国并购企业研发投入和研发产出具有较大差异。从解释变量国家文化距离来看，中国与东道国之间的文化维度差异有顺差和逆差。权力距离差异平均值为 32.48，中国企业的权力距离基本大于东道国企业，且这一权力距离差异显著。集体 – 个体主义差异平均值为 –43.97，中国 IDV 数值为 20，与东道国为逆差，说明东道国多为个体主义文化国家。阳刚 – 阴柔气质差异平均值为 5.35，说明中国与东道国的阳刚 – 阴柔气质差异不明显。不确定性规避差异平均值为 30.51，表现为顺差，中国为弱不确定性规避文化，说明东道国多为强不确定性规避文化，双方此文化维度差异对比明显。长期 – 短期导向差异平均值为 –26.76，表现为逆差，双方此文化维度差异对比明显。放纵约束差异平均值为 –30.14，中国为约束型文化，说明东道国多为放纵型文化，所以表现为逆差。不同文化维度差异大小、方向不同，意味着中国企业受到各文化维度影响大小、方向也不同。其他控制变量值均在正常范围内，没有出现异常值。

表 4-2 变量的描述性统计

变　量	观测数	平均值	标准差	最小值	最大值
YFCC	3234	88.80	692.00	0.00	13546
YFTR	2363	327.93	1079.70	0.01	21000
CD	3234	2.75	1.20	0.56	7.76
D1	3234	32.48	16.23	−24	80
D2	3234	−43.97	26.34	−71	20
D3	3234	5.35	20.42	−29	66
D4	3234	30.51	25.80	−13	87

续表

变　量	观测数	平均值	标准差	最小值	最大值
D5	3234	−26.76	25.10	−82	30
D6	3234	−30.14	15.36	−74	24
SIZE	3234	22.78	1.69	16.71	30.96
Period	3234	11.52	6.51	0	28
EN	3234	0.35	0.48	0	1
Growth	3233	22.03	1.70	15.36	28.70
LEV	3234	0.53	0.77	0.02	27.92
Locinnov	3234	5.08	0.65	2.82	5.84
Edu	3234	6.18	0.76	1	7
protect	3234	5.63	0.66	2.79	6.67
Govereff	3234	4.42	0.76	2.12	6.05
Loccompe	3234	5.05	0.43	3.61	6.07
Locanti	3234	5.04	0.51	3.14	6.12
Locdistr	3234	4.98	0.53	2.93	5.71
Local RD	3234	5.04	0.75	2.37	6.07

第四节　实证结果分析

一、基础检验

表 4-3 所示的是研发投入对文化距离的估计结果。如表 4-3 的模型 1 列数据所示，关键解释变量文化距离（CD）偏回归系数为 −79.14，且在 1% 的水平下具有统计显著性，实证含义说明当中国与东道国文化

距离越大时，中国跨国并购企业研发投入越少。这说明在中国企业跨国并购寻求技术溢出的过程中，文化差异具有负向抑制作用，这与当前的事实较为吻合。究其缘由，是中国企业以"技术追赶"为导向的并购模式，易引发东道国的"技术民族主义"担忧。

进一步分析发现，从表4-3的模型2列数据可知，权力距离差异的偏回归系数为8.53，且在1%的水平下具有统计显著性。实证结果表明，权力距离顺差越大，中国跨国并购企业的研发投入越大，这是由于权力距离差异顺差越大，越有利于获取较高的内部一致性和减少整合障碍，可帮助并购方提升企业绩效，加大研发投入。

从表4-3的模型3列数据可知集体－个体主义差异的偏回归系数为-2.34，且在5%的水平下具有统计显著性。实证结果表明集体－个体主义逆差越大，中国跨国并购企业研发投入越少，这是因为并购时利益冲突再加上信息不对称从而带来高昂的监管成本，在一定程度上抑制了企业研发投入的增加。

从表4-3的模型4列数据可知阳刚－阴柔气质差异的偏回归系数不具有显著性，这与中国传统文化中的中庸之道有关，样本中与中国阳刚－阴柔气质差异的逆差顺差几乎被中和掉了，所以导致其不显著。

从表4-3的模型5列数据可知，不确定性规避差异偏回归系数为-3.39，在1%水平上具有显著性，说明不确定性规避逆差越大，并购企业研发投入越少，这是由于不确定性规避逆差所导致的企业内部管理难度加大，增加管理成本和企业融资减少，间接减少了研发投入。

从表4-3的模型6列数据可知，长期－短期导向差异偏回归系数为2.85，且在1%的水平上具有统计显著性，这是由于目标方的短期文化具有强烈的消费倾向，当受到中国企业长期文化倡导节俭反对奢侈的影响，企业会提高投资行为，降低消费，从而提高研发投入水平。

表 4-3 基准检验

被解释变量：研发投入

变 量	模型 1	模型 2	模型 3	模型 4	模型 5	模型 6	模型 7
CD	-79.14*** (25.09)						
D1		8.53*** (2.23)					
D2			-2.34** (1.09)				
D3				2.43 (1.59)			
D4					-3.39*** (1.05)		
D5						2.85*** (0.91)	
D6							-3.98** (1.85)
EF	-10.93* (6.21)	-12.85** (6.02)	-10.21 (6.24)	-4.52 (6.26)	-6.28 (6.30)	-8.31 (6.15)	-8.60 (6.33)

续表

被解释变量：研发投入

变量	模型 1	模型 2	模型 3	模型 4	模型 5	模型 6	模型 7
Period	−28.01*** (5.20)	−28.71*** (5.33)	−28.06*** (5.32)	−26.40*** (5.12)	−28.19*** (5.19)	−27.91*** (5.18)	−27.75*** (5.16)
SIZE	300.71*** (51.80)	297.10*** (50.77)	302.86*** (53.31)	295.12*** (51.34)	303.84*** (52.31)	292.93*** (51.01)	296.30*** (51.23)
Growth	179.03*** (29.99)	183.20*** (29.57)	175.39*** (28.64)	180.38*** (29.52)	177.55*** (28.86)	186.17*** (29.98)	181.19*** (29.41)
LEV	−548.75*** (196.47)	−541.49*** (197.48)	−542.53*** (193.91)	−556.77*** (206.42)	−544.64*** (196.79)	−563.44*** (202.71)	−552.09*** (197.26)
EN	265.87*** (52.63)	269.78*** (53.36)	261.97*** (52.34)	257.425*** (51.89)	262.33*** (52.29)	261.28*** (52.37)	262.53*** (52.39)
protect	−62.05 (45.27)	17.89 (42.84)	−56.44 (44.82)	−48.31 (52.48)	−137.77*** (51.97)	−115.87** (49.11)	−61.42 (46.36)
Govereff	−16.51 (51.89)	−16.06 (53.11)	−12.096 (54.99)	9.70 (56.44)	27.20 (50.48)	35.71 (51.04)	−8.59 (51.44)
Edu	12.08 (47.63)	−7.15 (41.83)	−8.873 (45.02)	−29.77 (46.45)	0.68 (46.35)	−30.46 (44.53)	−9.44 (46.91)

续表

被解释变量：研发投入

变 量	模型 1	模型 2	模型 3	模型 4	模型 5	模型 6	模型 7
Locinnov	257.95* (151.07)	410.20*** (143.70)	252.93* (152.35)	92.12 (147.56)	160.63 (153.91)	203.31 (158.26)	210.67 (156.24)
Loccompe	392.58*** (129.64)	391.91*** (126.90)	432.01*** (134.72)	343.37*** (123.71)	422.09*** (132.01)	527.56*** (150.67)	432.80*** (133.33)
Locanti	-173.71 (89.41)	-301.81*** (81.05)	-261.79*** (81.40)	-281.91*** (81.72)	-201.68** (86.64)	-267.56*** (80.33)	-220.19** (90.56)
Locdistr	64.35 (84.48)	152.69* (91.16)	72.75 (86.15)	79.05 (102.39)	17.80 (88.21)	-24.46 (86.42)	44.46 (86.09)
Local RD	-82.65 (140.73)	-194.16 (130.21)	-36.72 (142.06)	105.93 (136.13)	14.21 (145.20)	35.78 (144.52)	-22.01 (146.54)
常数项	-10883.21*** (1612.08)	-11021.6*** (1629.87)	-10946.6*** (1661.51)	-10824.76*** (1586.21)	-10845.48*** (1603.58)	-11096.28*** (1634.96)	-11020.41*** (1659.963)
样本数	2363	2363	2363	2363	2363	2363	2363
R^2	0.2905	0.2955	0.2862	0.2847	0.2899	0.2863	0.2869
F 值	13.21	13.70	13.57	13.31	13.32	13.76	13.12

注：***、**、*分别表示 1%、5%、10% 的统计显著性水平。

从表 4-3 的模型 7 列数据可知,放纵约束差异的偏回归系数为 -3.98,在 5% 的水平上具有统计显著性。说明放纵约束顺差越大,企业研发投入越少。这是由于放纵约束顺差带来的信息不对称和道德风险等问题使双方难以在整合行为上达成一致,企业难以实现预期的协同,对企业研发投入的负面影响也就越大。

表 4-4 所示的是研发产出对文化距离的估计结果。如表 4-4 的模型 1 列数据所示,关键解释变量文化距离(CD)的偏回归系数为 -38.08,且在 1% 的水平下具有统计显著性,实证含义说明当中国与东道国文化距离越大,中国跨国并购企业研发产出越少。这说明在中国企业海外并购寻求技术溢出的过程中,文化差异对研发产出的负向效应显著,这与当前的事实较为吻合。究其缘由,一方面是文化距离给企业研发投入带来了负向影响,从而影响了研发产出;另一方面,跨国并购涉及两个以上"文化圈"的交流碰撞及文化多样性带来的壁垒,文化差异越大,越会引起双方彼此不信任,从而妨碍知识、技术、人力等资源的转移,进一步影响企业并购后的整合和融入。这些因素共同导致研发产出减少。

进一步分析发现,从表 4-4 的模型 2 列数据可知,权力距离差异的偏回归系数为 3.26,在 1% 的水平下具有统计显著性。可见,权力距离顺差越大,中国跨国并购企业研发产出越多。这与我们的理论机制分析一致。权力距离促进了较高的内部一致性和整合障碍的减少,从而帮助并购方提升企业绩效,正面影响研发产出。

从表 4-4 的模型 3 列数据可知,集体 - 个体主义差异的偏回归系数为 -1.81,在 5% 的水平下具有统计显著性。这意味着中国集体主义文化和目标方个体主义文化对比强烈,会给协同效应的顺利实现及并购绩效的提升带来障碍,从而对研发产出产生负面影响。

从表 4-4 的模型 4 列数据可知,阳刚 - 阴柔气质差异偏回归系数不具有显著性,一方面是由于阳刚 - 阴柔气质差异对研发投入无影响,另一方面是阳刚 - 阴柔气质差异本身对研发产出的影响是具有正向和负向影响的,所以导致阳刚 - 阴柔气质差异对研发投入的影响不显著。

表 4—4　基准回归

被解释变量：研发产出

变量	模型 1	模型 2	模型 3	模型 4	模型 5	模型 6	模型 7
CD	−38.08*** (13.71)						
D1		3.26*** (1.09)					
D2			−1.81** (0.72)				
D3				3.07 (0.99)			
D4					−2.37*** (0.69)		
D5						1.89*** (0.72)	
D6							−2.56*** (0.97)
EF	−11.18** (13.72)	−11.51** (4.79)	−10.96** (4.72)	−4.68 (4.24)	−8.54* (4.77)	−9.83** (4.54)	−9.78** (4.85)

093

续表

被解释变量：研发产出

变量	模型 1	模型 2	模型 3	模型 4	模型 5	模型 6	模型 7
Period	-4.56** (5.20)	-4.85** (1.96)	-4.86** (1.93)	-3.53** (1.96)	-4.71** (1.93)	-4.72** (1.93)	-4.49** (1.92)
SIZE	-13.32 (10.31)	-17.80* (10.16)	-10.37 (10.89)	-15.45 (10.37)	-7.81 (10.85)	-14.15 (10.26)	-10.96 (10.73)
Growth	101.69*** (21.43)	105.92*** (21.97)	98.27*** (21.29)	101.15*** (21.33)	97.35*** (20.94)	102.29*** (21.63)	99.39** (21.29)
LEV	5.53** (8.17)	4.96 (8.19)	5.54 (7.89)	2.32 (8.01)	7.06 (7.99)	4.64 (7.96)	5.30 (7.98)
EN	40.38* (22.73)	41.81* (22.94)	38.95* (22.51)	35.12 (22.69)	238.00* (22.59)	39.98* (26.69)	38.28* (22.59)
protect	36.05 (24.69)	65.96** (29.99)	48.67* (23.78)	70.59** (32.11)	-11.84 (30.40)	-2.89 (26.18)	36.50 (24.52)
Govereff	-131.97*** (37.82)	-130.99*** (39.43)	-145.75*** (41.81)	-126.61 (39.98)	-110.73*** (30.54)	-101.53 (34.91)	-118.62*** (37.01)
Edu	10.62 (16.69)	9.047 (17.08)	7.41 (16.17)	-11.78 (16.72)	7.62 (15.52)	-4.38 (16.34)	2.32 (15.88)

续表

变量	模型 1	模型 2	模型 3	模型 4	模型 5	模型 6	模型 7
				被解释变量：研发产出			
Locinnov	295.26*** (107.42)	315.80*** (109.67)	302.15*** (110.51)	167.25* (95.41)	257.30** (105.90)	255.28** (107.21)	277.31*** (106.94)
Loccompe	310.25*** (80.91)	307.16*** (78.89)	336.22*** (82.87)	233.47*** (65.97)	329.23*** (81.90)	393.81*** (100.54)	325.34*** (81.77)
Locanti	−50.58 (32.79)	−85.13** (37.36)	−77.26** (35.22)	−127.74*** (43.22)	−53.42 (33.35)	−84.62** (37.51)	−65.34** (32.60)
Locdistr	53.76 (64.79)	76.88 (64.58)	66.76 (69.77)	82.81*** (70.67)	34.47 (62.24)	−3.59 (60.34)	44.06 (64.26)
Local RD	−244.43*** (95.08)	−256.41*** (95.29)	−237.11** (98.67)	−100.08 (79.01)	−216.37** (95.85)	−176.96** (89.75)	−223.54** (94.68)
常数项	−2412.63*** (565.05)	−2507.26*** (580.90)	−2566.27*** (603.14)	−2489.36*** (581.21)	−2408.36*** (563.68)	−2617.26*** (622.05)	−2525.68*** (591.03)
样本数	3233	3233	3233	3233	3233	3233	3233
R^2	0.0628	0.0636	0.0630	0.0634	0.0653	0.0614	0.0620
F 值	3.28	3.26	3.38	3.23	3.37	3.36	3.30

注：***、**、* 分别表示 1%、5%、10% 的统计显著性水平。

从表 4-4 模型 5 列数据可知，不确定性规避差异的偏回归系数为 -2.37，在 1% 的水平下具有统计显著性。当中国并购企业进入强不确定性规避文化国家时，表现为不确定性规避逆差。不确定性规避逆差越大，越会形成企业内部文化冲突和导致知识转移率低，从而导致研发产出的减少。

从表 4-4 模型 6 列数据可知，长期－短期导向差异的偏回归系数为 1.89，在 1% 的水平下具有统计显著性。中国属于长期导向国家，样本中国家差异都为长期导向顺差，目标方短期导向文化受到中国长期导向文化的影响，会使企业加大对战略性项目的投资，正面影响企业研发产出。

从表 4-4 的模型 7 列数据可知，放纵约束差异的偏回归系数为 -2.56，在 1% 的水平上具有统计显著性。这说明放纵约束顺差越大，企业研发产出越少。

因此，本书假设 H1、H2、H3、H4、H5、H6 在全样本回归中全部得到验证。在控制变量中，企业规模（SIZE）、企业成长性（Growth）、当地市场竞争程度（Loccompe）对企业研发投入和研发产出的影响均显著为正。

二、调节效应检验

本章在研究文化距离对企业研发投入和研发产出的影响过程中，进一步引入了企业性质和经济自由度这两个调节变量，目的是验证企业性质（并购方是否为国有企业）和经济自由度在文化距离对中国跨国并购企业研发投入和研发产出的影响中起到何种调节作用。

研发投入方面，如表 4-5 的模型 1 列数据所示，关键解释变量文化距离（CD）及文化距离与企业性质（CD*EN）的交互项偏回归系数分别为 -93.94 和 100.99，都在 1% 的水平下具有统计显著性，实证说明，国有企业性质对文化距离影响中国海外并购企业创新起着正向调节作用。一方面原因是国有企业会获得更多政策和资金支持，因此能在一定程度上规避国内政策和资金障碍,在进行并购时有足够的实力聘请专家进行风险评估,并且在并购后的整合过程中也能够提供建议来削弱文化距离所导致的隔阂;另一方面,国有企业的管理者和员工对国家有强烈的责任感和使命感,这也导致当这些企业在并购整合过程中出现文化冲突时,管理者会优先考虑企业和国家利益而制定相应的政策,员工也会贯彻落实上级的政策。这两点使得企业能够在冲突中更好地整合,从而正向影响企业的研发投入。

进一步分析,如表4-5的模型2~7列数据所示,企业性质与D1—D6交互项的偏回归系数在1%或5%的水平上显著,说明企业性质对文化距离影响中国跨国并购企业研发投入起到了调节作用,这是因为中国国企内部存在着很大的权力距离,当权力距离较大时,员工就较依赖上司,服从上司对自己的命令。这有利于企业在跨国并购活动中形成一个整体,从而起到正向调节作用。国有企业性质加大了集体-个体主义差异对企业研发投入的负面影响,原因是国有企业内部更加团结紧密,并购企业的资源共享和目标方的议价特点"相争"会导致资源整合成本增加,从而变相挤压企业研发投入,使得研发投入减少。国有企业性质弱化了不确定性规避差异对企业研发投入的负面影响,国有企业可以短时间不注重效应,以"时间换空间"能够减轻目标方对于知识转移的担忧,从而增加企业研发投入。因此,国有企业性质减轻了长期-短期导向差异对企业研发投入的正面影响;国有企业性质减轻了放纵约束差异对企业研发投入的负面影响。

研发产出方面,如表4-6的模型1列数据所示,关键解释变量文化距离(CD)及文化距离与企业性质($CD*EN$)的交互项偏回归系数分别为-41.07和28.63,都在1%的水平下具有统计显著性,说明企业性质同样对中国跨国并购企业研发产出起正向调节作用。权力距离差异对中国跨国并购企业研发产出起到正向调节作用。权力距离顺差越大,国有企业集中式的特征越能提供反复交流、研究、讨论、尝试的机会,这样才能将彼此技术融会贯通,更好地吸收和改善研究成果。

表 4–5 企业性质的调节作用（1）

被解释变量：研发投入

变量	模型 1	模型 2	模型 3	模型 4	模型 5	模型 6	模型 7
CD*EN	100.99*** (16.18)						
CD	-93.94*** (20.89)						
D1*EN		5.89*** (1.33)					
D1		-9.00*** (1.68)					
D2*EN			-5.39*** (0.96)				
D2			3.88*** (0.99)				
D3*EN				15.43*** (2.20)			
D3				-0.23 (1.57)			
D4*EN					6.92*** (1.22)		

续表

被解释变量：研发投入

变量	模型 1	模型 2	模型 3	模型 4	模型 5	模型 6	模型 7
D4					-4.37*** (0.96)		
D5*EN						-3.58** (1.34)	
D5						-0.45 (1.49)	
D6*EN							-10.97** (1.46)
D6							6.92*** (1.68)
其他变量	控制	控制	控制	控制	控制	控制	控制
常数项	-1149.14** (451.78)	-1299.91*** (455.37)	-1248.01*** (459.98)	-1134.12** (453.01)	-1147.82** (255.01)	-1188.96** (486.75)	-1297.14*** (463.63)
样本数	2363	2363	2363	2363	2363	2363	2363
R^2	0.0674	0.0635	0.0634	0.0722	0.0643	0.0516	0.0731
F值	15.44	14.49	14.47	16.64	14.68	11.64	16.87

注：***、**、* 分别表示 1%、5%、10% 的统计显著性水平。

表 4-6　企业性质的调节作用（2）

被解释变量：研发产出

变量	模型 1	模型 2	模型 3	模型 4	模型 5	模型 6	模型 7
CD*EN	28.63*** （8.65）						
CD	−41.07*** （12.06）						
D1*EN		1.85*** （0.72）					
D1		−3.11** （0.93）					
D2*EN			−1.23** （0.51）				
D2			2.25*** （0.57）				
D3*EN				7.11*** （1.17）			
D3				1.37 （0.90）			
D4*EN					0.55 （0.65）		

续表

变量	被解释变量：研发产出						
	模型 1	模型 2	模型 3	模型 4	模型 5	模型 6	模型 7
D4					-2.58*** (0.55)		
D5*EN						-2.30*** (0.69)	
D5						-0.95 (0.84)	
D6*EN							-2.57*** (0.77)
D6							3.38*** (0.92)
其他变量	控制	控制	控制	控制	控制	控制	控制
常数项	-622.53** (254.39)	-700.63*** (257.71)	-776.09*** (260.98)	-712.94*** (253.40)	-526.90** (255.01)	-802.01*** (274.22)	-716.06*** (258.24)
样本数	3234	3234	3234	3234	3234	3234	3234
R^2	0.0088	0.0076	0.0087	0.0235	0.0101	0.0084	0.0095
F 值	3.61	3.25	3.58	8.08	4.01	3.5	3.81

注：***、**、* 分别表示 1%、5%、10% 的统计显著性水平。

国有企业过度强调集体概念，个体主义的目标方主张自主权和集体主义的并购方主张所有权容易导致代理问题和内部地位竞争，从而给协同效应的顺利实现和并购创新能力的提升带来障碍。国有企业性质减轻了长期－短期导向差异对企业研发产出的正面影响，同时也减轻了放纵约束差异对企业研发产出的负面影响，这与国有企业性质的分析一致，企业内部更加注重长期利益，为了获得创新即使短期利益受损也是能接受的。

表4–7和表4–8所示的是经济自由度对文化距离影响中国海外并购企业创新的调节作用回归结果。

研发投入方面，从表4–7的模型1列数据可知，文化距离（CD）和文化距离与经济自由度（$CD*EF$）的交互项都不具有统计显著性。从文化维度上分析可知，权力距离差异对研发投入起促进作用，表4–7中模型2经济自由度与权力距离差异（D1）的交互性符号为负号，说明经济自由度弱化了权力距离对研发投入的促进作用，集体－个体主义差异（D2）对研发投入起抑制作用。模型3经济自由度和集体－个体主义差异交互项符号为正号，弱化了集体－个体主义差异对研发投入的抑制作用，长期－短期导向差异（D5）促进了研发投入。模型6经济自由度与D5的交互项符号为正号，说明经济自由度强化了长期－短期导向差异对研发投入的促进作用。所以，总体来说，经济自由度对文化距离影响企业研发投入的调节作用不显著，这是由于文化各维度之间相互抵消。这与本书的假设一致，即经济自由度的调节效应不显著，且其具有双重效应。

研发产出方面，从表4–8数据可知，模型1文化距离（CD）和文化距离与经济自由度（$CD*EF$）的交互项分别在10%和5%的水平上具有统计显著性。文化距离抑制了研发产出，文化距离与经济自由度的交互项符号为负，说明经济自由度在一定程度上减少了文化距离对研发产出的负面影响。这是因为经济自由度越高，所能提供的制度环境、产业组成越有利于企业进行创新活动。

表 4-7 经济自由度的调节作用（1）

被解释变量：研发投入

变量	模型 1	模型 2	模型 3	模型 4	模型 5	模型 6	模型 7
$CD*EF$	-2.07 (1.63)						
CD	93.96 (125.36)						
$D1*EF$		-0.30** (0.14)					
$D1$		14.63 (10.46)					
$D2*EF$			0.30** (0.10)				
$D2$			-20.47*** (7.77)				
$D3*EF$				0.82*** (0.22)			
$D3$				-51.52*** (14.92)			
$D4*EF$					0.01 (0.02)		

续表

被解释变量：研发投入

变量	模型 1	模型 2	模型 3	模型 4	模型 5	模型 6	模型 7
D4					−2.92*** (1.05)		
D5*EF						0.26** (0.12)	
D5						−19.55** (8.66)	
D6*EF							0.28* (0.16)
D6							−16.12 (11.87)
其他变量	控制	控制	控制	控制	控制	控制	控制
常数项	−1269.62*** (479.06)	−1456.54*** (467.63)	−1459.92*** (468.46)	−337.77 (508.77)	−873.05* (489.64)	−1468.85*** (500.18)	−1502.69*** (482.05)
样本数	2326	2326	2326	2363	2363	2363	2363
R^2	0.0526	0.0575	0.0544	0.0586	0.0516	0.0505	0.0521
F 值	11.86	13.04	12.30	13.31	11.63	11.37	11.74

注：***、**、* 分别表示 1%、5%、10% 的统计显著性水平。

表 4-8 经济自由度的调节作用（2）

被解释变量：研发产出

变　量	模型 1	模型 2	模型 3	模型 4	模型 5	模型 6	模型 7
CD*EF	−2.26** (0.90)						
CD	139.89* (69.27)						
D1*EF		−0.19** (0.08)					
D1		11.5** (5.86)					
D2*EF			0.18** (0.06)				
D2			−11.80*** (4.28)				
D3*EF				0.38*** (0.19)			
D3				−22.37*** (8.21)			
D4*EF					0.002 (0.01)		

续表

变量		被解释变量：研发产出					
	模型 1	模型 2	模型 3	模型 4	模型 5	模型 6	模型 7
D4					-2.45*** (0.58)		
D5*EF						0.15** (0.69)	
D5						-11.98** (4.86)	
D6*EF							0.26*** (0.08)
D6							-16.74*** (6.31)
其他变量	控制	控制	控制	控制	控制	控制	控制
常数项	-820.21*** (271.82)	-826.21*** (266.08)	-908.22*** (264.81)	-316.51 (280.37)	-488.70* (275.87)	-949.59*** (283.40)	-975.26*** (273.62)
样本数	3234	3234	3234	3234	3234	3234	3234
R^2	0.0107	0.0107	0.0135	0.0190	0.0133	0.0098	0.0124
F 值	3.18	3.18	4.00	5.66	3.94	2.90	3.68

注：***、**、* 分别表示 1%、5%、10% 的统计显著性水平。

从不同文化维度来看，经济自由度弱化了权力距离差异（D1）、集体–个体主义差异（D2）对企业研发产出的影响；强化了长期–短期导向差异（D5）、放纵约束差异（D6）对企业研发产出的影响。

三、分样本检验

考虑到东道国自身发展差异也会影响文化距离对中国跨国并购企业创新的影响，本书进一步对东道国进行发展差异考察，按照标准将东道国划分为发展中国家和发达国家两类样本进行检验，具体如表4-9、表4-10、表4-11和表4-12所示。

研发投入方面，如表4-9模型1所示，与发展中国家的文化距离偏回归系数为–140.10，在1%的水平上显著；如表4-10模型1所示，与发达国家的文化距离偏回归系数为–83.78，在1%的水平上显著。说明中国与发展中国家的文化距离对企业研发投入的抑制作用强于与发达国家的。这与实际情况相符合，一方面，从全球价值链分布来看，发达国家和发展中国家存在比较优势和要素成本的差异，会挤占更多的研发投入；另一方面，样本中的发展中国家主要分布在亚洲，相比于欧美的发达国家，文化距离相对较小，对研发投入的负面影响较小。

研发产出方面，如表4-11模型1所示，与发展中国家的文化距离的偏回归系数为–28.49，在1%的水平上显著；如表4-12模型1所示，与发达国家的文化距离的偏回归系数为–44.86，在1%的水平上显著。这说明中国与发展中国家的文化距离对企业研发投入的抑制作用弱于与发达国家的。中国企业对发展中国家企业的并购主要是为了获得市场，而对发达国家企业的并购主要是为了获取战略资产。中国企业跨国并购"以资金换技术"的赶超战略让东道国备感威胁，从而中国企业的并购更容易遭受当地政府的阻挠，导致与发达国家文化距离对研发产出的抑制作用大于与发展中国家的。

表 4-9 发展中国家分析（1）

被解释变量：研发投入

变量	模型 1	模型 2	模型 3	模型 4	模型 5	模型 6	模型 7
CD	−140.10*** (44.54)						
D1		−19.57*** (6.71)					
D2			−7.07** (3.00)				
D3				−6.54*** (3.54)			
D4					−1.12 (4.96)		

续表

被解释变量：研发投入

变 量	模型 1	模型 2	模型 3	模型 4	模型 5	模型 6	模型 7
D5						-0.94 (3.51)	
D6							1.56 (4.80)
其他变量	控制	控制	控制	控制	控制	控制	控制
常数项	-16427.83*** (5778.6)	-15133.63*** (5198.91)	-16025.04*** (5741.77)	-15638.26*** (5779.70)	-15939.40*** (5700.25)	-15910.72*** (5701.59)	-15948.23*** (5729.81)
样本数	202	202	202	202	202	202	202
R^2	0.3763	0.4156	0.3706	0.3691	0.3656	0.0681	0.3657
F 值	2.01	1.54	2.48	1.92	1.59	1.63	1.50

注：***、**、* 分别表示 1%、5%、10% 的统计显著性水平。

表 4–10　发达国家分析（1）

被解释变量：研发投入

变量	模型 1	模型 2	模型 3	模型 4	模型 5	模型 6	模型 7
CD	-83.78*** (28.30)						
D1		-2.96*** (2.47)					
D2			3.34*** (1.20)				
D3				2.46 (1.52)			
D4					-3.88*** (1.09)		

续表

被解释变量：研发投入

变量	模型1	模型2	模型3	模型4	模型5	模型6	模型7
D5						−4.47*** (1.32)	
D6							5.95 (1.83)
其他变量	控制	控制	控制	控制	控制	控制	控制
常数项	−10550.40*** (1956.8)	−10090.34*** (1843.27)	−10177.95*** (1866.33)	−9855.59*** (1794.29)	−10553.39*** (1937.73)	−10809.40*** (1966.48)	−10861.50*** (2025.21)
样本数	2161	2161	2161	2161	2161	2161	2161
R^2	0.2940	0.2936	0.2932	0.2892	0.2951	0.2912	0.2932
F值	13.64	14.29	13.77	13.56	14.04	15.04	13.52

注：***、**、* 分别表示1%、5%、10% 的统计显著性水平。

表 4–11　发展中国家分析（2）

被解释变量：研发产出

变量	模型 1	模型 2	模型 3	模型 4	模型 5	模型 6	模型 7
CD	−28.49*** (7.26)						
D1		−3.08*** (0.92)					
D2			−2.30** (0.56)				
D3				−3.08*** (0.70)			
D4					−0.41 (0.48)		

续表

变量	模型1	模型2	模型3	模型4	模型5	模型6	模型7
	\multicolumn{7}{c}{被解释变量：研发产出}
D5						−0.47 (0.44)	
D6							1.07* (0.60)
其他变量	控制	控制	控制	控制	控制	控制	控制
常数项	−757.41** (356.57)	−657.19** (327.60)	−746.17*** (349.91)	−694.08** (346.61)	−684.96** (344.80)	−692.71*** (348.78)	−744.74*** (369.34)
样本数	288	288	288	288	288	288	288
R^2	0.1725	0.2167	0.1753	0.1913	0.1440	0.1450	0.1496
F值	1.88	1.66	2.18	1.92	1.51	1.78	1.58

注：***、**、*分别表示1%、5%、10%的统计显著性水平。

表 4–12 发达国家分析（2）

被解释变量：研发产出

变量	模型 1	模型 2	模型 3	模型 4	模型 5	模型 6	模型 7
CD	−44.86*** (16.87)						
D1		−3.55** (1.56)					
D2			2.47*** (0.83)				
D3				3.77*** (1.15)			
D4					−2.79*** (0.81)		

114

续表

变量	模型1	模型2	模型3	模型4	模型5	模型6	模型7
D5						−3.13*** (1.12)	
D6							3.71*** (1.22)
其他变量	控制	控制	控制	控制	控制	控制	控制
常数项	−2969.965*** (839.6)	−2761.19*** (800.07)	−2947.86*** (840.05)	−2748.35*** (802.84)	−3148.84*** (886.82)	−3270.99*** (930.31)	−3232.53*** (907.88)
样本数	2945	2945	2945	2945	2945	2945	2945
R^2	0.0690	0.0687	0.0714	0.0703	0.0729	0.0688	0.0696
F值	2.91	2.91	2.94	2.87	2.95	2.96	2.95

被解释变量：研发产出

注：***、**、*分别表示1%、5%、10%的统计显著性水平。

考虑到亚洲国家与非洲国家在文化传统和制度环境上的系统性差异，本书将样本划分为亚洲地区与非亚洲地区（以欧美为主），具体如表4-13、表4-14、表4-15和表4-16所示。

研发投入方面，如表4-13模型1所示，中国与亚洲地区其他国家的文化距离偏回归系数为-131.72，在1%的水平上显著；如表4-14模型1列数据所示，与其他地区国家的文化距离偏回归系数为-87.27，在1%的水平上显著。这说明中国与亚洲地区其他国家的文化距离对企业研发投入的抑制作用强于对非亚洲地区。可能的解释是中国企业对亚洲地区其他国家并购对象主要以基础建设为主，而对其他地区（主要是欧美地区）并购对象以技术获取为主，因此企业样本中并购其他地区企业的研发投入力度大于并购亚洲地区企业的，导致得到此回归结果。

研发产出方面，如表4-15模型1所示，与亚洲地区国家的文化距离偏回归系数为-86.67，在1%的水平上显著；如表4-16模型1所示，与其他地区国家的文化距离偏回归系数为-36.82，在5%的水平上显著。这说明中国与亚洲国家的文化距离对企业研发产出的抑制作用强于与其他地区国家的。得到的实际结果与分发展水平异质性检验结果相反，究其缘由，是中国企业对亚洲地区其他国家企业的并购主要是为了获得市场，提供基建服务，其中研发投入转换为研发产出的效率低。这就导致与亚洲地区的文化距离对研发产出的负面影响强于与其他地区国家的。

表4-13 亚洲地区分析（1）

被解释变量：研发投入

变量	模型1	模型2	模型3	模型4	模型5	模型6	模型7
CD	−131.72*** （42.64）						
D1		−15.28*** （4.86）					
D2			14.89** （6.30）				
D3				13.71 （8.37）			
D4					−8.32** （3.21）		

续表

<table>
<tr><th rowspan="2">变量</th><th colspan="7">被解释变量：研发投入</th></tr>
<tr><th>模型 1</th><th>模型 2</th><th>模型 3</th><th>模型 4</th><th>模型 5</th><th>模型 6</th><th>模型 7</th></tr>
<tr><td>D5</td><td></td><td></td><td></td><td></td><td></td><td>7.04*
(3.91)</td><td></td></tr>
<tr><td>D6</td><td></td><td></td><td></td><td></td><td></td><td></td><td>−15.69
(10.47)</td></tr>
<tr><td>其他变量</td><td>控制</td><td>控制</td><td>控制</td><td>控制</td><td>控制</td><td>控制</td><td>控制</td></tr>
<tr><td>常数项</td><td>−18025.35***
(4174.96)</td><td>−16901.90***
(3942.38)</td><td>−18109.99***
(4183.89)</td><td>−18780.87***
(4305.84)</td><td>−17653.90***
(4160.54)</td><td>−18097.50***
(4186.05)</td><td>−17683.97***
(4068.41)</td></tr>
<tr><td>样本数</td><td>690</td><td>690</td><td>690</td><td>690</td><td>690</td><td>690</td><td>690</td></tr>
<tr><td>R^2</td><td>0.3465</td><td>0.3515</td><td>0.3459</td><td>0.3455</td><td>0.3457</td><td>0.3451</td><td>0.3458</td></tr>
<tr><td>F 值</td><td>3.85</td><td>3.91</td><td>3.84</td><td>3.82</td><td>3.88</td><td>3.84</td><td>3.90</td></tr>
</table>

注：***、**、* 分别表示 1%、5%、10% 的统计显著性水平。

表 4-14 其他地区分析（1）

被解释变量：研发投入

变量	模型 1	模型 2	模型 3	模型 4	模型 5	模型 6	模型 7
CD	−87.27*** (21.86)						
D1		−5.52*** (1.84)					
D2			−1.55 (1.65)				
D3				4.89* (2.52)			
D4					−5.00*** (1.51)		

119

续表

变 量	被解释变量：研发投入						
	模型 1	模型 2	模型 3	模型 4	模型 5	模型 6	模型 7
D5						−4.06***	
						（1.34）	
D6							5.65***
							（1.60）
其他变量	控制	控制	控制	控制	控制	控制	控制
常数项	−8193.41***	−7895.508***	−7424.61***	−7876.07***	−8454.25***	−8405.19***	−8408.61***
	（1112.97）	（1096.3）	（1174.29）	（1132.73）	（1237.03）	（1229.40）	（1163.04）
样本数	1673	1673	1673	1673	1673	1673	1673
R^2	0.2927	0.2911	0.2884	0.2923	0.2963	0.2915	0.2919
F 值	13.25	13.32	13.27	13.00	13.41	13.64	13.22

注：***、**、* 分别表示 1%、5%、10% 的统计显著性水平。

表 4-15 亚洲地区分析（2） 被解释变量：研发产出

变量	模型 1	模型 2	模型 3	模型 4	模型 5	模型 6	模型 7
CD	−86.67*** （32.61）						
D1		−5.93*** （1.57）					
D2			3.83 （3.23）				
D3				1.63 （2.74）			
D4					−5.79* （3.15）		

续表

变量	模型1	模型2	模型3	模型4	模型5	模型6	模型7
D5						3.19 (2.05)	
D6							1.58 (3.35)
其他变量	控制	控制	控制	控制	控制	控制	控制
常数项	-3426.277*** (1004.6)	-3132.39*** (969.23)	-3517.961*** (1035.9)	-3614.41*** (1117.33)	-3194.46*** (925.33)	-3379.15*** (999.25)	-3573.31*** (1111.32)
样本数	1048	1048	1048	1048	1048	1048	1048
R^2	0.1014	0.1018	0.0979	0.0974	0.1016	0.0986	0.0973
F值	2.04	2.25	1.94	1.97	1.96	2.19	1.98

注：***、**、* 分别表示1%、5%、10%的统计显著性水平。

表 4-16　其他地区分析（2）

被解释变量：研发产出

变量	模型 1	模型 2	模型 3	模型 4	模型 5	模型 6	模型 7
CD	−36.82** （17.90）						
D1		−3.61 （2.53）					
D2			1.12 （1.26）				
D3				5.12*** （1.75）			
D4					−3.19*** （1.11）		
D5						−2.95** （1.35）	
D6							1.99** （0.99）
其他变量	控制	控制	控制	控制	控制	控制	控制
常数项	−2237.77*** （742.78）	−2282.07*** （745.84）	−2271.77*** （824.65）	−2399.15*** （788.90）	−2409.26*** （800.27）	−2616.03*** （849.28）	−2274.03*** （751.24）
样本数	2185	2185	2185	2185	2185	2185	2185
R^2	0.0613	0.0621	0.0602	0.0670	0.0655	0.0630	0.0609
F 值	2.15	2.10	2.17	2.15	2.10	2.08	2.17

注：***、**、* 分别表示 1%、5%、10% 的统计显著性水平。

四、稳健性检验

为了解决潜在的内生性问题，保证实证的可靠性，首先，本书采取解释变量的替代性检验：遗传距离表示两个已分化、独立的人群距离其最近共同祖先的时间，两个人群分化越久，遗传距离越大。Desmet（2011）等发现欧洲国家之间的文化距离与遗传距离具有很高的关联性，因此遗传距离可以作为文化距离的代理变量。本书使用中外之间的遗传距离作为文化距离的工具变量，基于两阶段最小二乘法（2SLS）对模型进行估计。表4-17所示的模型1和模型2表示的是用遗传距离当作文化距离的工具变量进行回归的结果，弱工具变量检验的统计量远大于10，符合经验逻辑，拒绝了存在弱工具变量的原假设；过度识别检验的结果远大于0.1，拒绝了存在过度识别检验的原假设。

其次，本书选取被解释变量的滞后两期进行回归：表4-17模型3和模型4是将研发投入和研发产出滞后两期改变因变量的回归结果，回归结果依然显著。

最后，本书采用新的估计方法进行回归：表4-17模型5和模型6是改变模型设定，使用了广义矩估计，文化距离的偏回归系数小于0，通过显著性检验，也通过了过度识别检验，表明文化距离与中国跨国并购企业创新负相关，说明本分析的研究结论是稳健的。

以上结果均表明文化距离对中国跨国并购企业创新起负面效果的结果是稳健的。

表 4-17 稳健性检验

变量	模型 1 研发投入	模型 2 研发产出	模型 3 研发投入	模型 4 研发产出	模型 5 研发投入	模型 6 研发产出
文化距离	−67.40**	−43.97***	−37.12**	−26.56**	−67.74**	−48.45***
	(27.77)	(16.53)	(16.39)	(12.90)	(27.54)	(16.18)
模型说明	工具变量法		改变因变量		广义矩估计	
其他变量	控制	控制	控制	控制	控制	控制
常数项	−10031.80***	−1472.09***	−6589.98***	−2285.09***	−10101.13***	−1435.02***
	(1795.24)	(410.02)	(1029.73)	(649.32)	(1648.06)	(408.67)
样本数	1925	2680	1425	2142	1925	2680
R^2	0.2969	0.0440	0.2653	0.0555	0.2969	0.0431
F 值			12.00	2.07		
过度识别检验	0.9220	0.1938			0.9220	0.1938
弱工具变量检验	1702.43	2258.14				

注：***、**、* 分别表示 1%、5%、10% 的统计显著性水平。

第五节 本章小结

越来越多的中国企业走向海外市场，但是中国企业跨国并购经营失败的案例时有发生，深入研究影响中国跨国并购企业创新的因素及路径引起了学者们的关注。为了研究国家文化距离和跨国并购企业创新之间的关系，首先，本书深入分析了文化距离、跨国并购企业创新及两者之间关系的相关文献。其次，指出了这些研究存在的不足，明确了本书的研究方向，提出了解释文化距离六维度对跨国并购企业创新产生不同影响的原因，以及文化距离六维度通过影响跨国并购企业创新路径的假设。最后，本书以上述理论假设为框架，采用了中国上市企业在2008—2019年发生的跨国并购样本对文化距离影响跨国并购企业创新的情况进行实证检验，并对此传导路径的研究假设进行了验证。

第五章

语言距离对跨国并购企业创新影响的实证分析

第一节 研究设计

文化距离对跨国并购企业技术创新的影响已被学者高度关注（Joshi & Lahiri, 2015），然而，研究文化距离影响并购企业技术创新的一个难点在于文化距离指标的测度。文化所包含的维度较多（张航等，2021），Hofstede（1983）最早提出使用文化的六种维度研究文化距离，更进一步，Schwartz（1994）在其基础上加入了等级观念维度，Triandis（1989，2016）则添加了纵向和横向个人主义、严格和宽松维度。上述这些多维度的文化测度方法虽能够更精准地捕捉文化的各个方面内容，但多维度之间存在相互影响，且在数据测算上难以割离。例如，权力距离和个人主义之间，高权力距离会抑制个人主义，由于权力大的一方能够分配资源、决定社会价值，这使得个体更依赖集体，需要通过忠诚获取当权者的认可，从而放弃了一部分个体目标（Husted, 1999），而注重个体主义的社会则可以降低权力距离，由于个体主义追求个体目标，这有助于建立自由平等的社会，减弱个体对群体的依赖，从而使得权力分配更加均衡（李雪灵等，2012）。因此，文化的基础性决定因素更能精确地反映文化差异，也更具实操性。不少文献认为，基因是一个合适的文化测度变量（Guiso et al., 2009；Spolaore & Wacziarg, 2011；Desmet et al., 2011），但是基因只能反映文化的传承过程，即垂直传播，难以反映文化的同化过程，即横向传播（杜若甫、肖春杰，1997）。那么，用什么变量测度中国企业跨国并购中涉及的文化差异，才能精准反映其中文化的纵向传承和文化横向同化呢？

本章借鉴前辈学者选用方言测度中国地区间文化差异的思路（赵子乐、林建浩，2017；张航等，2021），认为语言距离是一个测度跨国文化差异比较理想的变量。语言是思维的工具，能够决定思维的方式、范围和深度，而文化的形成则是人类思维固化后的结果。此外，语言的功能性决定了其能够同时体现文化的横向同化和纵向传承两个方面。在文化的横向同化上，文化依赖于发音清晰、书写明确的传播符号——语言（莱斯特·A·怀特，1998），无论是礼乐文化、宗教文化、文学作品，还是农作物或器物服饰的传播都是以语言为载体的（赵子乐、林建浩，2017）。在文化的纵向传承上，一方面人类最初的语言学习依赖于家庭成员的语言使用；另一方面根据语言谱系树理论，每一种现有的语言均有对应的语言族谱。这两方面都能体现语言的纵向传承。基于此，本章探究语言距离对跨国并购企业创新的影响及其作用机制，进一步考察东道国制度环境和经济自由度对其的调节作用，并探究不同语言大区环境下语言距离对跨国并购企业创新的异质性影响。

  本章的边际贡献可能体现在以下三个方面。第一，指标构建上，使用语言距离测度跨国文化差异。现有文献使用的文化距离指标主要源于Hofstede（1983）的理论，但该指标无法测度由近20年来文化交流带来文化距离的改变，且该文化距离维度间存在相关性。也有部分文献选用中国方言距离测度中国不同地区的文化差异（赵子乐、林建浩，2017；张航等，2021），但方言距离无法测度跨国文化距离。为了解决上述问题，本书通过"世界语言结构图册"和世界各国核心文化产品进出口数据构建了中国与世界其他国家的跨国语言距离指标，该指标不仅能反映文化差异基础层面的语言差异，也能反映跨国文化交流带来的文化距离变动，同时体现跨国文化的纵向传承和横向同化，这为测度跨国文化差异提供了一种新的思路。第二，研究视角上，通过验证语言距离"认同效应"和"互补效应"的中介作用，厘清了语言距离影响跨国并购企业创新的作用机制。经过选用关税壁垒、国家包容性指标实证检验，语言距离通过"认同效应"抑制并购企业的研发产出，通过"互补效应"促进并购企业的研发投入，打开了国家层面的主观性因素影响并购企业创新的通道，也拓展了影响跨国并购企业创新的相关研究思路。第三，研究内容上，从经济自由度、制度环境两个层面，进一步丰富和拓展了语言距离对并购企业创新影响的作用情境。现有从国家层面对跨国并购企业创新的研究，从制度因素和非制度因素进行单方面视角考察，大部分忽视了国家间非制度安排与制度安排间的交互影响，本书考察了非制度安排（语言距离）的创新效应是否受东道国制度安排（制度环境、经济自由度）的影响。另外，本书考察不同语言环境下其距离对跨国并购企业创新的异质性影响，为进一步探究推进中国跨国并购企业创新提供可行的参考建议。

第二节 语言距离的影响机制和调节作用

跨国并购企业的创新，具体要经历研发投入和研发产出两个阶段，这两个阶段的表现既可能一致，也可能背离，只有语言距离促进了跨国并购企业研发投入和研发产出的共同提升，才能全面促进跨国并购企业的创新。下面分别分析语言距离对跨国并购企业研发投入和研发产出两阶段的影响机制和调节作用。

一、认同效应的影响机制

认同效应即语言作为文化身份认同的重要标志（Pendakur & Pendakur，2002），可以使企业在跨国并购过程中更加认同与自己语言相近的地区，排斥与自己语言差别较大的地区，且这一影响不会随通用语的使用而完全消失（Joshi & Lahiri，2015）。

研发投入上，语言的认同效应会使中国跨国并购企业与东道国并购企业之间难以相互认可，阻碍并购企业在短期内开展新研发项目合作和研发投入的增加。首先，认同效应会妨碍员工之间的信任基础和共同价值的建立，会使得并购企业员工在沟通中产生负面情绪和认知偏见，削弱并购企业内部凝聚力。同时，认同效应会增加企业内部学习障碍和冲突，影响企业内部创新合作与沟通（Klitmller & Lauring，2013），从而不利于企业内部信息传递，进而阻碍知识溢出。其次，语言距离的认同效应会放大信息不对称问题，彼此间的不信任和主观上的信息隐藏，会加大并购企业获取海外市场信息的难度，使得企业更难以应对海外宏观经济政策波动带来的影响（孟庆斌和师倩，2017），进一步表现为并购企业面临的不确定性、风险和交易成本增加（Chen & Hennart，2004；Joshi & Lahiri，2015），从而阻碍并购企业研发投入的增加。

研发产出上，一方面，语言认同效应会增大并购企业内部成员之间的认同障碍和信任障碍，从而降低员工之间的沟通频率、合作和知识共享意愿（Brown et al.，2015），进而抑制并购企业的研发产出。现有研究认为，跨国并购企业的创新成功依赖于企业内部的横向和纵向信息交流，而有效交流是沟通和信息传递的核心（Vidal–Suárez & López–Duarte，2013），这使得并购企业的知识积累、知识共享、知识转化和知识创新变得更加困难（李金生、乔盈，2019）。另一方面，语言认同效应带来的信息不对称会增加企业并购后的整合障碍，具体包括并购企业对研发信息搜索、调研、谈判等交易成本的增加（王艳、李善民，2017），以及可能长期无法掌握核心技术，缺乏创新能力，从而抑制研发产出。同时，认同效应也会增加并购企业研发人员间的交流成本，降低创新效率，从而对新产品合作开发造成不利影响，进而抑制研发产出。由此，本书提出假设 H1 和假设 H2。

H1：语言距离通过认同效应阻碍并购企业的研发投入。

H2：语言距离通过认同效应阻碍并购企业的研发产出。

二、互补效应的影响机制

互补效应即语言的多样性驱动的知识异质性整合，有助于提高知识扩散能力（张萃，2019）和企业创新能力（Corritore et al.，2019）。

研发投入上，一方面，不同语言背景的员工能相互学习到对方根植于不同文化的难以言传的管理技巧与技能，从而在跨文化管理中激发出创造性思维，为跨国并购企业的技术创新提供线索，进而增加研发投入。同时，语言距离越大，并购企业面临的语言冲突越严重，这就迫使并购企业人员主动加强对东道国语言的学习和感知（熊名宁、汪涛，2020），从而提高并购企业双创新机会的识别能力，这些有利于刺激并购企业加大研发投入。另一方面，语言距离的互补效应能促使并购企业决策者全面关注和处理全球化生产经营带来的成本和收益，这有利于降低未来技术走向预测失误的概率、减少企业创新成本，并进一步推动并购企业专注于创新，增加研发投入。

研发产出上，语言背景的差异化为并购企业内部员工看待、解决问题提供了多元化视角，拓宽了创新技术和新产品边界的同时，也影响着并购企业的创新效率。在创新产品上，根植于不同文化的企业产品在技术、生产和推广上均具有一定差异，具体体现在不同国家间消费品在触觉、外观、品质等方面的区别，对母公司而言，并购能够保证企业获取产品特色带来的差别利益和兼并效应（Banalieva & Dhanaraj，2013），这是跨国并购企业获取特色新产品、新技术等战略性资产的独特路径，有利于促进研发产出。在创新效率上，一方面，为了化解文化距离带来的并购风险和创新风险，并购企业会积极主动寻求与当地企业交流合作，从而更好地吸收东道国的特色文化和创新技术，促进创新效率提升。另一方面，语言距离过大也可能引起文化互补过程中的不匹配和不适应现象，表现为在思想上创新边界的拓宽，但在具体创新表现中难以落地，短期内也很难形成创新产品，这源于文化的断层，这种互补需要长期磨合。由此，本书提出假设H3和假设H4。

H3：语言距离通过互补效应促进并购企业的研发投入。

H4：语言距离通过互补效应影响并购企业的研发产出。

三、经济自由度的调节作用

经济自由度指市场经济活动不受政府干扰的程度，东道国经济自由度高能够提升国家的包容性，进一步减弱语言距离认同效应、增强语言距离互补效应对并购企业创新的影响，同时经济自由度高也会加剧东道国市场竞争，增大并购企业的生产和整合压力，进而调节语言距离对跨国并购企业创新的作用。在研发投入上，一方面，经济自由度越高，国家包容性越强，语言距离的认同效应得到调节，即由语言差异引起的价值冲突、信息不对称等并购风险和交易成本会降低，从而促进并购企业增加研发投入。另一方面，较高的经济自由度会加剧东道国市场竞争程度，使得并购企业对研发投入的态度更为保守。这是因为较强的市场竞争会增大并购企业的生存压力，尤其是来自经济自由度差距较大的国家的并购，该差距会加大并购方对目标企业管理、技术、财务的整合难度并延长整合时间。在并购经验和风险不能改善的前提下，并购企业难以做出扩大研发、增加研发投入的决策，从而阻碍并购企业研发投入。

在研发产出上，一方面，东道国较高的经济自由度可以增强语言距离的互补效应，提升并购企业员工与当地高质量、多元化的人力资本的融合度，进一步提高并购企业研发效率，从而增大语言距离对研发产出的积极影响。另一方面，研发产出的增加是长周期过程，较高的经济自由度会增大并购企业的生存和整合压力，迫使并购企业在短期内采取减少研发的策略来替代使用快速见效的盈利和占领市场策略，具体包括使用低价的产品开拓市场、使用绩效工资招聘员工，而这些行为均会影响研发投入和研发效率的提高，对并购企业研发产出具有负向影响。

四、东道国制度环境的调节作用

企业在跨国并购中，较好的东道国制度环境更易营造创新与公平竞争的市场环境，从而减弱语言距离认同效应的影响、增大语言距离互补效应的作用，进而调节语言距离对跨国并购企业创新的作用。具体来说，在研发投入上，一方面，较好的制度环境会从客观上减弱语言距离带来的对别国并购者的本能排斥的认同效应，进而有利于降低并购企业的风险成本和交易成本，促进并购企业增加研发投入。例如，完善的政府监管体系可以更好地保护市场主体的利益，减少语言差异带来的信息不对称、交易成本增加等风险。健全的法律体系可以更好地保护企业的合法权益，完善的知识产权保护制度可以降低企业的创新风险，保护并购企业创新收益（Sanna-Randaccio & Veugelers，2007）。这些制度越完善，越能够激发并购企业开展研发活动和增加研发投入的动力。同时，东道国制度环境越好，越能营造出运行高效的市场机制和创新环境（Casillas & Menéndez，2014），这有利于语言距离互补效应的发挥，从而正向调节语言距离对并购企业研发投入的影响。例如稳定的政治环境、发达的民主制度体系有利于为并购企业提供更好的合作平台，确保政策和市场主体的利益一致，激发并购企业研发投入热情（Wu et al.，2016）。另一方面，并购企业需要一定的时间来调整制度环境间的差距，尤其是对来自发展中国家的并购企业来说，传统的经营决策、组织制度、工作模式是否能同当地政治制度、法律法规、监管体系相匹配是需要重点考虑的内容，这使得企业在完成并购后，短期内难以开展大规模的研发投入。

在研发产出上，一方面，较好的东道国制度环境能够减弱语言距离的认同效应，抵消"外来者劣势"的消极影响，从而有助于中国企业整合被并购企业的人才、管理经验，同时还能够迅速获取被并购企业的新产品、新专利等，进而促进并购企业研发产出增长（唐宜红等，2019；黄远浙等，2021）。另一方面，东道国较好的制度环境意味着较强的"强制性规范"和"模仿性规范"，这要求并购企业的行为必须符合东道国法律和道德等的要求（高照军、武常岐，2014），这会增大并购企业的学习和交易成本，从而不利于并购企业的研发效率和研发产出的提升。具体的作用机制和调节机制如图 5-1 所示。

第五章 语言距离对跨国并购企业创新影响的实证分析

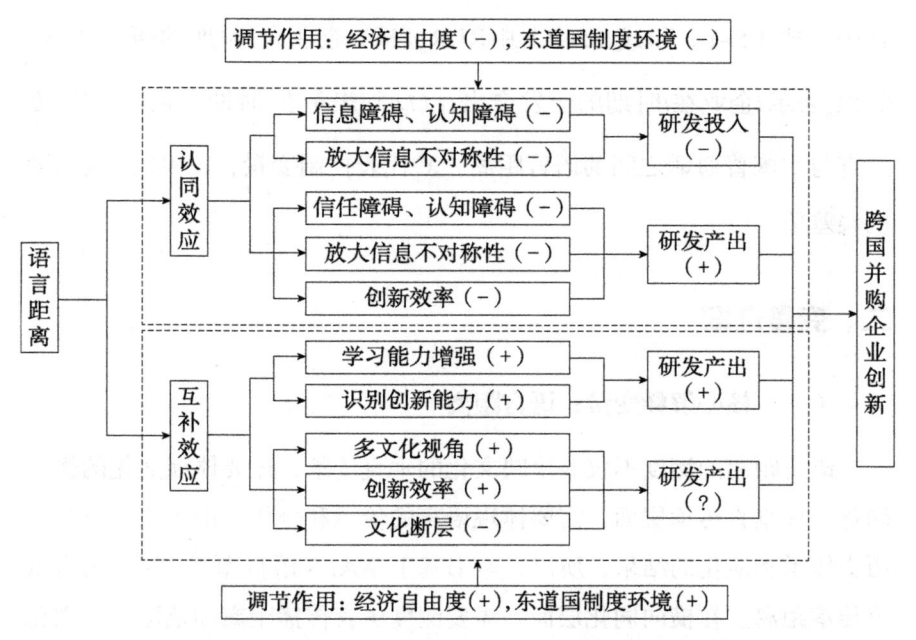

图 5-1 语言距离对跨国并购企业创新的作用机制和调节机制

第三节　实证设计

一、模型设定

根据上述理论机制，本书选取 2008—2017 年 285 家中国上市跨国并购企业为研究对象，探究语言距离对并购企业创新的影响。为了精准衡量语言距离对跨国并购企业创新的影响，本书从研发投入和研发产出两个阶段对并购企业创新进行评价。由于企业上市时间及选择的并购时间并不统一，因此模型选用混合面板回归，具体模型设定如下：

$$\text{RDR}_{it} = \alpha_0 + \alpha_1 LD_{it} + \alpha_i X_{it} + \varepsilon_{it} \quad (5-1)$$

$$\text{CUR}_{it} = \beta_0 + \beta_1 LD_{it} + \beta_i X_{it} + \xi_{it} \quad (5-2)$$

其中，式（5-1）和式（5-2）中RDR_{it}表示i企业在t时期的研发投入，CUR_{it}表示i企业在t时期的研发产出，LD_{it}则表示在t时期东道国i的官方语言与中国普通话之间的语言距离，X_{it}代表控制变量，ε_{it}和ξ_{it}则表示随机误差项。

二、变量选取

（一）核心解释变量：语言距离

语言距离的测度不仅要反映文化的垂直传承，还要体现文化的横向同化。在垂直传承层面，需要体现语言的传承和分化，由于语言特征是历史传承和演化的结果，所以，本书基于 WALS 语料库[①]，测度语言垂直传承距离。在横向同化层面，需要测度语言传播距离和范围，而文化产品进出口在一定程度上能够体现国与国之间文化传播的广度和范围，因此，本书以国家为分析单位，基于核心文化产品进出口数据[②]，测度语言横向传播距离。具体构建思路如下，式（5-3）和式（5-4）构建了语言距离的横向传播，式（5-5）构建了语言距离的纵向传播。参考遗传距离（Spolaore & Wacziarg，2011）和方言距离（刘毓芸等，2015；林建浩、赵子乐，2017）的测度思路，本书采用语言距离横向传播指标与纵向传承指标的乘积项作为跨国语言距离的测度指标，如式（5-6）所示。

---

① WALS 语料库，也称世界语言结构图册，由 Dryer 和 Haspelmath（2005）领衔 55 位语言学家联合构建的跨语言特征数据库。涉及 2500 多种语言和 58000 多个语言特征点，目前仍在持续更新。WALS 语料库一共 144 章，包含 11 大类，每章都代表一种语言维度，以这些章为基础，研究人员通过语法、词汇、发音等语言特征进行算术平均，测度语言差异，目前已有一些学者以 WALS 语料库为基础，测度语言距离。

② 数据来自联合国商品贸易数据库，核心文化产品以 2012 年中华人民共和国商务部等修订的《文化产品和服务出口指导目录》为准，采用 2007 年的 HS 编码。

$$R_{abt} = \frac{import_{abt}}{import_{awt}} \qquad (5-3)$$

$$R_{bat} = \frac{import_{bat}}{import_{bwt}} \qquad (5-4)$$

$$D_{ab} = \frac{\sum_{i=1}^{I} t_i}{I} \qquad (5-5)$$

$$LD(t, a, b) = R_{abt} \times R_{bat} \times D_{ab} \qquad (5-6)$$

式（5-3）中，R_{abt}表示a国在t时期向b国进口核心文化产品总量占a国在世界进口核心文化产品总量的比例，其中，$import_{abt}$代表a国在t时期进口b国的核心文化产品数量，$import_{awt}$代表a国在t时期向世界进口的核心文化产品数量。式（5-4）中，R_{bat}表示b国在t时期向a国进口核心文化产品总量占b国在世界进口核心文化产品总量的比例。其中，$import_{bat}$代表b国在t时期进口a国的核心文化产品数量，$import_{bwt}$代表b国在t时期向世界进口的核心文化产品数量，因此$R_{abt} \times R_{bat}$代表语言横向传播距离。式（5-5）中D_{ab}表示两国之间的语言垂直传承距离，具体来说，本书选取WALS语料库中与普通话（Mandarin）相联系的153个语言特征指标测度语言纵向传播距离，如果样本语言的语言特征与普通话相同则记为1，反之记为0，然后对全部特征值进行加总，得到语言特征$\sum t_i$，且对于多官方母语的国家，本书采用加权平均的方法测度语言特征，此外，为了最大程度减少由语言指标不同带来的误差，将距离总和除以样本所有的特征值I得到D_{ab}。式（5-6）中$LD(t, a, b)$则表示t时期a与b两个国家之间的语言距离。

（二）被解释变量：研发投入和研发产出

为了更加全面地分析并购企业的创新，本书依次从两个维度对并购企业创新进行测度。第一维度为并购企业研发投入阶段，由于不同规模企业研发投入之间的不可比性，本书选用研发投入（RDR）强度指标，具体为用跨国并购企业研发投入占营业收入的比率来表示。第二维度为并购企业研发产出阶段，现有关于研发产出的指标主要有专利申请数量、新产品产出、无形资产增量等（王玉泽等，2019），由于现阶段会计准则下无形资产构成主要为专利权和非专利技术，因此相对其他测度指标，本书选用无形资产增量测度并购企业研发产出（CUR）。数据来自国泰安经济金融数据库。

（三）中介变量：关税壁垒和包容性

语言认同效应体现的是对自身文化的认同，以及对其他国家或地区文化的排斥。关税壁垒作为保护本国产业的一种贸易保护机制，同时在一定程度上体现了对其他国家和地区产品和文化的排斥。例如，往来越频繁的国家和地区，贸易壁垒往往越低（黄满盈，2015）。鉴于此，本书选择关税壁垒测度认同效应，其中关税壁垒（CR）以世界银行数据库中提供的实行从量关税的所有税目产品比例来表示。

语言的互补效应体现为对其他国家或地区的包容性和融合性，较高的国家包容性能够吸引国际人口流入，带来异质性的人才、知识和技术，从而增强不同文化背景人群之间的交流互动、信息传递和知识互补（魏浩、袁然，2018；Pholphirul & Rukumnuaykit，2017）。鉴于此，本书选择国家包容性指标（SR）来测度语言互补效应。其中，参照曹清峰等（2019）的研究，包容性以国际流入人口年度流量占国际流入人口存量的比率来表示，数据来自国际移民组织数据库[①]。

（四）调节变量：经济自由度和制度环境

在经济自由度方面，参照前人做法（王进猛等，2020；Ott，2018），本书选用东道国经济自由度（FREE）作为调节变量，数据来自

---

① 拥有多个数据项目和数据。其官网是 https://www.iom.int/。

世界经济自由度指数[①]。在制度环境上，本书选择世界治理指标（WGI）测度制度环境状况，数据来自世界银行数据库，参考Yousaf等（2016）的做法，本书以加权平均得分的方式测度东道国年度制度环境状况，得分越高，表示东道国制度环境越好。

（五）控制变量

本书关注的是语言距离对跨国并购企业创新的影响，由于企业微观因素和东道国宏观因素均能够影响并购企业创新，因此，在参考前人文献的基础上（Alam et al., 2019；王进猛等，2020；冯根福等，2021；刘威、闻照，2021），本书选择以下影响因素作为控制变量[②]。具体来说，东道国宏观变量包括：①国内生产总值（GDP），以东道国国内生产总值来衡量；②政府效率（GE），以全球竞争力报告中政府效率得分来衡量，1表示最差，7表示最好；③基础设施（IFA），以东道国基础设施的整体状况来衡量，1表示最差，7表示最好；④产权保护（IP），以东道国包括金融资产在内财产被保护状况进行测度，1表示最差，7表示最好；⑤劳动市场效率（LAB），以全球竞争力报告中政府效率得分来衡量，1表示最差，7表示最好；⑥当地市场竞争（LC），以东道国市场竞争激烈程度来度量，1表示竞争不激烈，7表示竞争非常激烈。并购企业微观因素包括：①资产负债率（ADR），以企业总负债占总资产的比率来表示；②产权比率（CPR），以企业负债总额占股东权益总额的比重来表示；③净利润（NPT），以企业的税后收入来表示；④有形资产负债率（TAR），以企业有形资产与企业负债的比例来表示；⑤营业成本（OPC），以企业销售商品和提供劳务

[①] 世界经济自由度指数由加拿大弗雷泽研究所发布，其官网是https://www.fraserinstitute.org/。

[②] 宏观控制变量数据来自全球竞争力指数（Global Competitiveness Index），由世界经济论坛发布，官网为www.weforum.org。微观控制变量数据来自国泰安经济金融数据库，网址：www.gtarsc.com。

的成本来表示；⑥营业利润（OPP），以主营业务收入与其他业务收入之和来表示。以上东道国宏观控制变量数据均来自全球竞争力指数，企业微观控制变量数据均来自国泰安经济金融数据库。

三、描述性统计

本书的数据来源主要是 Zephyr 并购数据库、联合国商品贸易数据库、WALS 语料库、国际移民组织数据库、CEPLL 数据库、全球竞争力指数、GDELT 数据库和国泰安数据库，样本时间为 2008—2017 年。本书关注的是跨国并购企业样本，因此剔除了企业在港澳台地区的并购数据，考虑到税收因素，剔除了开曼群岛、英属维尔京群岛、巴拿马等国际避税地的并购数据，同时对异常值进行剔除。最终获取 2008—2017 年 285 家中国上市企业在 39 个国家和地区的并购数据，各个指标的描述性统计如表 5-1 所示[①]。具体来看，研发投入（RDR）最小值为 2.2×10^{-3}，最大值为 57.49，均值约为 4.44，表明样本整体的技术创新强度偏低；研发产出（CUR）最小值为 -33.00，最大值为 460.00，均值约为 3.91，无形资产增量为负表明包含的非专利技术相比于往年有所减少，无形资产增量为正，则表明包含的非专利技术和专利技术相较往年有所增加；语言距离（LD）的最小值为 1.5×10^{-5}，最大值约为 109.71，均值约为 4.79，语言距离替代 1（LD_1）的最小值为 9.08×10^{-9}，最大值约为 1.89，均值约为 0.16，由于语言距离（LD）和语言距离替代 1（LD_1）的数值较小，因此在表 5-1 中体现为"0.0000"。

[①] 为了便于估计回归结果的显示，本书对部分数据进行了放大和缩小处理，具体来说：语言距离（LD）放大 1000 倍，研发产品（CUR）缩小到原来的 1/100000000，已申请专利（Patent）缩小到原来的 1/1000，国内生产总值（GDP）、产权比率（CPR）和地理距离（DIST）缩小到原来的 1/1000，营业成本（OPC）缩小到原来的 1/10000000000，净利润（NPT）缩小到原来的 1/100000000，营业利润（OPP）缩小到原来的 1/100000000，民间舆论关系（PII）缩小到原来的 1/10000。

表 5-1 描述性统计

变量		符号	观测数	均值	标准差	最小值	最大值
被解释变量	研发投入	RDR	937	4.4356	5.7212	0.0022	57.4900
	研发产出	CUR	1449	3.9093	20.5140	-33.0000	460.0000
	研发人员数量占比	RPR	612	14.7645	13.1026	0.1100	79.8600
	已申请专利	Patent	470	0.2401	0.9798	0.0000	13.5460
核心解释变量	语言距离	LD	1541	4.7893	8.6856	0.000015	109.7140
	语言距离替代1	LD_1	1420	0.1635	0.3555	0.0000908	1.8923
	语言距离替代2	LD_2	822	302.1701	773.8780	0.4000	3973.8601
宏观控制变量	国内生产总值	GDP	1553	0.5497	1.6936	0.0014	23.1061
	政府效率	GE	1553	4.2746	0.8396	2.1168	6.0541
	基础设施	IFA	1553	5.4884	0.8012	2.8578	6.6499
	产权保护	IP	1553	5.3941	0.7777	2.7736	6.5407
	劳动市场效率	LAB	1553	4.8262	0.6353	3.2898	5.9404
	当地市场竞争	LC	1553	4.9505	0.5179	3.4387	6.0653

续表

变量		符号	观测数	均值	标准差	最小值	最大值
微观控制变量	资产负债率	ADR	1463	0.4893	0.2169	0.0373	1.5613
	产权比率	CPR	1463	0.0158	0.0595	-1.4399	0.8957
	净利润	NPT	1412	22.6290	188.5079	-170.4943	2874.5100
	有形资产负债率	TAR	1463	0.5264	0.2309	0.0446	1.6696
	营业成本	OPC	1362	1.0397	2.5443	0.0000	29.5195
	营业利润	OPP	1412	28.2180	242.4578	-168.1755	3618.4199
其他控制变量	地理距离	DIST	1553	8.1409	2.4181	0.9557	19.0799
	民间舆论关系	PII	1553	0.2943	1.1275	-4.9328	7.0684
中介变量	关税壁垒	CR	1273	0.7509	0.6500	0.0005	4.7579
	国家包容性	SR	1099	0.2012	0.1120	0.0030	0.4781
调节变量	经济自由度	FREE	1553	7.8165	0.5519	4.8700	8.5300
	东道国制度环境	ID	1553	1.1963	0.6871	-0.9474	1.8730
工具变量	冲突事件/合作事件	TPE	1553	0.1479	0.1015	0.0000	0.8178

第四节 实证结果分析

一、基础检验

表5-2中RDR（1）—RDR（3）列数据是研发投入对语言距离的估计结果，CUR（4）—CUR（6）列数据是研发产出对语言距离的估计结果。其中，RDR（1）列、CUR（4）列数据是没有加入任何控制变量的估计结果，RDR（2）列、CUR（5）列数据是增加东道国宏观控制变量的估计结果，RDR（3）列、CUR（6）列数据则是同时加入东道国宏观控制变量和企业微观控制变量的估计结果。样本回归结果表明，语言距离的估计系数均显著为负，表明语言距离对并购企业的研发投入和研发产出均具有一定负向影响，即语言距离对中国跨国并购企业的创新具有消极作用。这说明在中国企业跨国并购寻求技术溢出的过程中，文化差异的认同效应要强于互补效应。一方面，中国企业跨国并购"以资金换技术"模式触发了东道国的技术民族主义防御机制，体现为认同效应的凸显，从主观上排斥中国跨国并购企业的进入。另一方面，互补效应的发挥依赖于并购企业在具体实践中的学习、知识共享和融合，而中国跨国并购企业时间短、经验少，因此互补效应短期内难以得到有效发挥。同时在本书的样本中，东道国占比达到64.10%，而这些发达国家多表现为对自己国家文化的天然认同和自信，对中华文化则具有较多偏见（刘建军，2021），这会进一步阻碍互补效应的发挥。因此，中国企业跨国并购过程中语言距离的认同效应强于互补效应，从而实证结果表现为语言距离抑制跨国并购企业的创新。

表 5-2 基础回归

变量	RDR (1)	RDR (2)	RDR (3)	CUR (4)	CUR (5)	CUR (6)
LD	-0.0874*** (-4.8675)	-0.1042*** (-4.6637)	-0.1139*** (-4.5072)	-0.1111*** (-3.0944)	-0.1283*** (-2.7372)	-0.0643*** (-2.6262)
IP		0.2280 (0.3955)	0.2272 (0.3342)		-4.0464 (-1.4595)	-0.1344 (-0.0542)
GE		0.0473 (0.0850)	0.1892 (0.3261)		1.4606 (0.6917)	-1.1863 (-0.5970)
LAB		0.1807 (0.3652)	0.1294 (0.2454)		1.2496 (1.0402)	0.1763 (0.1585)
IFA		-0.2119 (-0.5204)	-0.1818 (-0.4242)		3.6411** (2.2272)	1.3982 (0.9042)
LC		0.3963 (0.4886)	0.3389 (0.4126)		-4.9792 (-1.6366)	-1.5347 (-0.5615)
GDP		-0.0813 (-1.0944)	-0.0746 (-0.9398)		-0.2998** (-2.1585)	-0.2442* (-1.8987)
NPT			0.0322 (1.4959)			-0.1979 (-1.5271)

144

续表

变量	RDR (1)	RDR (2)	RDR (3)	CUR (4)	CUR (5)	CUR (6)
OPC			−0.0449 (−0.8001)			0.5701 (1.3992)
OPP			−0.0306* (−1.9211)			0.1560 (1.5707)
ADR			−9.6132* (−1.8383)			9.1703 (1.5655)
TAR			6.9493 (1.5659)			−9.3368** (−1.9711)
CPR			0.4358 (0.2254)			−0.4911 (−0.1996)
C	4.9083*** (20.1313)	1.9607 (1.0046)	2.9085 (1.3582)	4.4765*** (6.6261)	18.8930*** (2.7758)	9.0686* (1.8450)
N	933	933	855	1436	1436	1227
Adj.R^2	0.0118	0.0096	0.0173	0.0016	0.0107	0.0021
F值	23.69	4.20	3.82	9.58	3.40	2.03

注：***、**、*分别表示1%、5%、10%的显著性水平，以下各表同。

二、机制检验

参考温忠麟等（2014）的中介检验方法，本书分别检验语言距离影响中国跨国并购企业创新的认同效应和互补效应。表5-3所示的是语言距离的认同效应机制检验。RDR（1）列数据为研发投入对语言距离的基准回归，CR（2）列数据为关税壁垒对语言距离的回归，结果显示语言距离对关税壁垒的影响显著为正，RDR（3）列数据则在RDR（1）列数据的基础上加入关税壁垒，结果显示语言距离的回归系数显著为负，而关税壁垒为负但不显著。为此，这里进一步做Bootstrap检验，结果显示语言距离通过关税壁垒影响并购企业创新的中介效应不存在，假设H1并未得到验证，究其缘由，一方面，可能是中国跨国并购企业中国有企业占比较高（王海军等，2021），而这类企业具有强预算执行力和受到强预算约束管控，企业并购后当地的文化认同效应难以对其原有的研发投入计划产生影响。另一方面，中国企业的跨国并购大致可归为市场占有型和技术占有型两类。由于中国企业跨国并购以市场占有为目的的并购多以小范围占领当地市场为主，因此这类并购企业在研发投入的规划上主要以中国企业自身发展为考量，受东道国当地认同效应的影响较小。而以技术占有类并购为主的企业则更多考虑的是研发产出的并购收益，如技术、专利、产权的转移和整合，因此这类企业短期内的研发投入受东道国认同效应的影响有限。基于中国企业海外并购的现实情况，该机制的检验效果可能不明显。

表5-3 CUR（4）列数据为研发产出对语言距离的基准回归，CR（5）列数据为关税壁垒对语言距离的回归，CUR（6）列数据在CR（2）列数据的基础上加入关税壁垒，结果显示语言距离和关税壁垒的回归系数均显著为负，即存在部分中介效应，中介效应为44.87%。其中，CUR（6）列数据语言距离系数绝对值的约数（0.05）小于CUR（4）列数据语言距离系数绝对值的约数（0.06），说明语言距离的认同效应在并购企业

表 5-3　认同效应机制检验

变　量	RDR (1)	CR (2)	RDR (3)	CUR (4)	CR (5)	CUR (6)
CR			−0.2983 (−1.1065)			−2.0534*** (−2.7287)
LD	−0.1139*** (−4.5072)	0.0118** (2.0345)	−0.1344*** (−3.5820)	−0.0643*** (−2.6262)	0.0118** (2.0345)	−0.0540* (−1.6569)
IP	0.2272 (0.3342)	−0.5103*** (−6.0721)	0.3799 (0.5233)	−0.1344 (−0.0542)	−0.5103*** (−6.0721)	−1.5459 (−0.5577)
GE	0.1892 (0.3261)	0.3369*** (4.4760)	0.4913 (0.8168)	−1.1863 (−0.5970)	0.3369*** (4.4760)	0.0176 (0.0078)
LAB	0.1294 (0.2454)	0.1340** (2.3025)	0.4297 (0.7201)	0.1763 (0.1585)	0.1340** (2.3025)	0.5830 (0.4728)
IFA	−0.1818 (−0.4242)	0.1857*** (2.6404)	−0.1488 (−0.2969)	1.3982 (0.9042)	0.1857*** (2.6404)	1.7586 (0.9466)

续表

变量	RDR (1)	CR (2)	RDR (3)	CUR (4)	CR (5)	CUR (6)
LC	0.3389 (0.4126)	−0.3133* (−1.7229)	−0.5386 (−0.5801)	−1.5347 (−0.5615)	−0.3133* (−1.7229)	−3.0602 (−0.9462)
GDP	−0.0746 (−0.9398)	0.0216 (1.3843)	−0.0134 (−0.1851)	−0.2442* (−1.8987)	0.0216 (1.3843)	−0.2146** (−2.0263)
NPT	0.0322 (1.4959)	0.0053 (1.1192)	0.0389 (1.4865)	−0.1979 (−1.5271)	0.0053 (1.1192)	−0.1898 (−1.2785)
OPC	−0.0449 (−0.8001)	0.0079 (0.8400)	−0.0047 (−0.0831)	0.5701 (1.3992)	0.0079 (0.8400)	0.6332 (1.4076)
OPP	−0.0306* (−1.9211)	−0.0050 (−1.3646)	−0.0366* (−1.8881)	0.1560 (1.5707)	−0.0050 (−1.3646)	0.1474 (1.2818)
ADR	−9.6132* (−1.8383)	−0.1719 (−0.5794)	−11.5998** (−2.0500)	9.1703 (1.5655)	−0.1719 (−0.5794)	8.7487 (1.2133)

续表

变量	RDR (1)	CR (2)	RDR (3)	CUR (4)	CR (5)	CUR (6)
TAR	6.9493 (1.5659)	0.3015 (1.0966)	7.9063* (1.6588)	−9.3368** (−1.9711)	0.3015 (1.0966)	−8.0582 (−1.4145)
CPR	0.4358 (0.2254)	−0.1954* (−1.7263)	0.0009 (0.0004)	−0.4911 (−0.1996)	−0.1954* (−1.7263)	−1.8034 (−0.4784)
C	2.9085 (1.3582)	1.8308*** (3.8814)	4.2974 (1.5751)	9.0686* (1.8450)	1.8308*** (3.8814)	16.3143*** (2.6557)
N	855	1095	740	1227	1095	1015
Adj.R²	0.0173	0.1422	0.0259	0.0021	0.1422	0.0015
F 值	3.82	15.77	3.57	2.03	15.77	1.85
Bootstrap z 值			−0.73			
Bootstrap p 值			0.467			
中介效应		中介效应不存在		部分中介效应=0.0118×(−2.0534)/(−0.0540)=44.87%		

注：***、**、* 分别表示 1%、5%、10% 的显著性水平，以下各表同。

的研发产出中发挥了负向抑制作用，即语言距离通过认知障碍、信任障碍增加了企业创新的交易成本并降低了并购企业的研发效率，进而阻碍并购企业研发产出，由此假设2得到验证。

表5-4所示的是语言距离的互补效应机制检验。表5-4 RDR（1）列数据为研发投入对语言距离的基准回归。SR（2）列数据为包容性对语言距离的回归，结果显示语言距离回归系数显著为负，说明语言距离越大，包容性越弱。RDR（3）列数据在RDR（1）列数据基础上添加了包容性指标，结果显示语言距离的回归系数显著为负，且国家包容性的系数显著为正，说明存在部分中介效应，中介效应为18.77%。同时发现语言距离系数绝对值的约数（0.18）大于基准回归系数绝对值的约数（0.11），即语言距离通过互补效应促进了并购企业的研发投入，由此假设H3得到验证。

表5-4 CUR（4）列数据为研发产出对语言距离的基准回归。SR（5）列数据为包容性对语言距离的回归，结果显示语言距离回归系数显著为负，CUR（6）列数据在RDR（1）列数据的基础上添加包容性指标，结果显示语言距离回归系数显著为负，而国家包容性指标系数并不显著。为此，这里进一步做Bootstrap检验，结果表明，语言距离通过包容性影响并购企业创新的中介效应不存在，也就是说样本期内，语言距离并未通过互补效应促进并购企业的研发产出。究其缘由，一方面，以市场占有为目的的并购企业可能由于受互补效应作用的影响，容易在短期内增加更多的市场占有率，进而在一定程度上增加研发投入，但由于需要花费时间对当地市场进行深度挖掘和整合资源，所以对研发产出的影响较为滞后。另一方面，以技术获取为目的的并购企业虽然可能由于互补作用的影响而导致整个技术整合效率提高，但短期内研发产出数量上的影响却不明显，这是根据不同研发投入，研发产出的进展具有长周期性和滞后性特征，因此检验结果可能并不明显。

表 5-4 互补效应机制检验

变量	RDR (1)	SR (2)	RDR (3)	CUR (4)	SR (5)	CUR (6)
SR			6.3937** (2.0423)			3.2877 (0.6909)
LD	-0.1139*** (-4.5072)	-0.0052*** (-7.5688)	-0.1771*** (-3.2833)	-0.0643*** (-2.6262)	-0.0052*** (-7.5688)	-0.2403* (-1.8487)
IP	0.2272 (0.3342)	0.0028 (0.2389)	-0.2711 (-0.3466)	-0.1344 (-0.0542)	0.0028 (0.2389)	-7.4391*** (-2.9339)
GE	0.1892 (0.3261)	-0.0043 (-0.5479)	-0.0751 (-0.0998)	-1.1863 (-0.5970)	-0.0043 (-0.5479)	3.6887 (1.5616)
LAB	0.1294 (0.2454)	0.0005 (0.0558)	1.2747 (1.4986)	0.1763 (0.1585)	0.0005 (0.0558)	1.1601 (0.7761)
IFA	-0.1818 (-0.4242)	-0.0270*** (-2.8861)	0.7170 (1.3664)	1.3982 (0.9042)	-0.0270*** (-2.8861)	1.8331 (1.5814)

续表

变量	RDR (1)	SR (2)	RDR (3)	CUR (4)	SR (5)	CUR (6)
LC	0.3389 (0.4126)	0.1580*** (9.1127)	−0.3329 (−0.3515)	−1.5347 (−0.5615)	0.1580*** (9.1127)	−1.9103 (−0.6247)
GDP	−0.0746 (−0.9398)	−0.0074*** (−3.2311)	0.0286 (0.5392)	−0.2442* (−1.8987)	−0.0074*** (−3.2311)	−0.2985 (−1.1616)
NPT	0.0322 (1.4959)	0.0002 (0.3156)	0.0254 (1.2339)	−0.1979 (−1.5271)	0.0002 (0.3156)	−0.2257 (−1.5109)
OPC	−0.0449 (−0.8001)	−0.0003 (−0.4468)	0.0446 (0.8516)	0.5701 (1.3992)	−0.0003 (−0.4468)	0.7651 (1.3997)
OPP	−0.0306* (−1.9211)	−0.0000 (−0.0800)	−0.0456*** (−3.0253)	0.1560 (1.5707)	−0.0000 (−0.0800)	0.1814 (1.5070)
ADR	−9.6132* (−1.8383)	−0.0890* (−1.6532)	−15.4741** (−2.5263)	9.1703 (1.5655)	−0.0890* (−1.6532)	4.6448 (0.6621)

续表

变量	RDR (1)	SR (2)	RDR (3)	CUR (4)	SR (5)	CUR (6)
TAR	6.9493 (1.5659)	0.0827* (1.6678)	10.6330** (2.0422)	−9.3368** (−1.9711)	0.0827* (1.6678)	−4.9697 (−0.9185)
CPR	0.4358 (0.2254)	0.0529*** (3.0650)	−0.3477 (−0.1640)	−0.4911 (−0.1996)	0.0529*** (3.0650)	−0.5295 (−0.1658)
C	2.9085 (1.3582)	−0.3963*** (−6.9301)	−0.7404 (−0.1910)	9.0686* (1.8450)	−0.3963*** (−6.9301)	22.6963*** (3.3638)
N	855	945	635	1227	945	870
$Adj.R^2$	0.0173	0.2511	0.0678	0.0021	0.2511	0.0435
F值	3.82	39.15	5.39	2.03	39.15	1.60
Bootstrap z_值						−1.18
Bootstrap p_值						0.240
中介效应	部分中介效应=(−0.0052)×(6.3937)/(−0.1771)=18.77%					中介效应不存在

注：***、**、* 分别表示1%、5%、10%的显著性水平，以下各表同。

153

三、调节效应检验

表 5-5 RDR（1）列和 CUR（2）列数据为经济自由度的调节效应检验结果。RDR（1）列数据语言距离与经济自由度的交互项系数为 -0.0984，且通过了 1% 的显著性水平，语言距离的回归系数为负且显著，实证结果表明，平均而言经济自由度指数每增加 1 个单位，语言距离对并购企业研发投入的负向作用显著增大 0.10 个单位。CUR（2）列数据交互项和语言距离的系数均为负且显著，表明平均而言经济自由度指数每增加 1 个单位，语言距离对并购企业研发产出的负向影响增大 0.23 个单位。上述结果的经济含义说明，样本中较高的经济自由度带来的市场竞争，会削弱语言距离引发的认同效应的提升与互补效应的增强对并购企业创新的促进作用。由于高经济自由度会加剧东道国市场竞争，而中国跨国并购企业并购历史短、经验少，且不乏企业为响应政策实施的跃进式并购，这类行为均增加了并购企业在管理、技术、财务等层面的整合难度，并导致整合周期延长，因此并购企业对增加研发投入多持保守态度，以应对进入东道国市场的不适应情况。且较高的经济自由度差距也增加了并购企业的整合压力，从而在短期内对并购企业的研发效率会产生不利影响，进而抑制并购企业的研发产出。

表 5-5 RDR（3）列和 CUR（4）列数据为东道国制度环境的调节效应检验。RDR（3）列数据语言距离的估计系数显著为负，且语言距离与制度环境的交互项显著为负，表明东道国制度环境每增加 1 个单位，语言距离对并购企业研发投入的边际负向影响显著增加 0.05 个单位。CUR（4）列数据交互项系数为正且不显著，表明东道国制度环境对语言距离与并购企业研发产出关系的调节作用不明显。这说明较好的东道国制度环境虽然能够降低并购的交易成本，但却难以提升中国跨国并购企业的研发投入和研发产出。这是因为，一方面较好制度环境的东道国多为西方发达国家，因此中国跨国并购企业进入初期需投入大量资源，学习并适配

当地政治制度、法律法规和监管体系，以推动并购后企业在制度、管理和文化等层面的整合，这不利于研发投入和研发产出的提升。另一方面中国跨国并购企业短期内还难以克服"外来者劣势"的影响。此外，中国跨国并购企业还需应对来自市场的歧视，由于制度的"规范性"和"强制性"要求，中国跨国并购企业进入西方市场需要花费更多交易成本和承担更多交易风险，短期内难以投入研发活动，更会抑制研发投入的增加，同时也会影响并购后的研发效率，因此对研发产出的影响也有限。

表 5-5　调节效应检验

变　量	RDR（1）	CUR（2）	RDR（3）	CUR（4）
$FREE \times LD$	−0.0984*** （−2.7187）	−0.2341** （−2.1906）		
$FREE$	1.1544*** （3.7103）	1.8648** （2.2631）		
$ID \times LD$			−0.0504** （−2.0067）	0.0431 （0.9824）
ID			0.3565 （1.3854）	−1.5815** （−2.0595）
LD	−0.1523*** （−5.3825）	−0.1768*** （−2.6174）	−0.1344*** （−5.0520）	−0.0391 （−1.2653）
IP	−0.0647 （−0.0884）	−1.0947 （−0.3912）	−0.1182 （−0.1747）	0.8546 （0.3762）
GE	0.1934 （0.3327）	−0.8897 （−0.4412）	0.3383 （0.5822）	−1.7241 （−0.9069）
LAB	0.2547 （0.3870）	0.9889 （0.6841）	0.2442 （0.4186）	0.7475 （0.5747）
IFA	−0.4269 （−0.9934）	1.0988 （0.6365）	−0.0499 （−0.1142）	1.3053 （0.8350）
LC	1.3104 （1.5553）	−0.1055 （−0.0358）	0.3989 （0.4645）	−3.0270 （−0.9708）
GDP	−0.0890* （−1.6526）	−0.1399 （−1.1695）	−0.0298 （−0.5343）	−0.1473 （−1.4263）
NPT	0.0370* （1.6586）	−0.1912 （−1.5125）	0.0305 （1.4131）	−0.1922 （−1.5109）

续表

变 量	RDR（1）	CUR（2）	RDR（3）	CUR（4）
OPC	−0.0461 （−0.8032）	0.5713 （1.4229）	−0.0422 （−0.7547）	0.5553 （1.4037）
OPP	−0.0349** （−2.1016）	0.1487 （1.5397）	−0.0290* （−1.8256）	0.1506 （1.5463）
ADR	−9.5807* （−1.8532）	8.4799 （1.4082）	−10.0615* （−1.9095）	10.0677* （1.7168）
TAR	6.7940 （1.5512）	−8.7385* （−1.7837）	7.3564 （1.6425）	−9.7869** （−2.0254）
CPR	0.6455 （0.3072）	−0.6527 （−0.2384）	0.4279 （0.2168）	−0.2135 （−0.0894）
C	−8.2653** （−2.3124）	−10.2150 （−1.1562）	2.2103 （0.9964）	12.7024** （2.0994）
N	855	1227	855	1227
$Adj.R^2$	0.0252	0.0029	0.0176	0.0025
F值	3.79	2.11	3.77	2.28

注：***、**、* 分别表示1%、5%、10%的显著性水平，以下各表同。

四、分样本检验

为了进一步区分不同语言大区中语言距离对并购企业创新的异质性影响，本书将样本分为两大类：一类根据东道国官方语言是否为英语，将样本划分成官方语言为英语的国家和官方语言为非英语的国家；另一类根据Swaan（2008）提出的全球语言体系分类，将样本划分为超中心语言国家和非超中心语言国家[①]。具体结果如表5-6所示。表5-6 RDR（1）列和CUR（2）列数据是官方语言为英语国家的实证检验，RDR（3）列和CUR（4）列数据是官方语言为非英语国家的实证检验。RDR（1）

[①] 超中心语言指的是有极广泛使用人群的语言，此类语言包括：阿拉伯语、中文、英语、法语、德语、日语、葡萄牙语、西班牙语、俄语、马来语、印地语、斯瓦希里语和土耳其语。

列数据结果显示，核心解释变量语言距离回归系数为正但不显著，CUR（2）列数据结果中核心解释变量语言距离回归系数为正且显著，实证含义说明在官方语言是英语的东道国进行并购，语言距离较小能够促进并购企业研发产出，但对研发投入没有显著影响。这是因为英语作为全球通用语言，将其作为官方语言的东道国能更便捷地接触到来自全球的人才、技术和产品，更易于吸纳外来文化中的创新元素，这就在一定程度上减弱了语言距离的认同效应，增强了语言距离的互补效应。但由于将英语作为官方语言的国家多为发达经济体，进入这些经济体的中国跨国并购企业多为国有企业，这些企业受政策性目标导向影响，其研发投入决策更注重短期合规性而非创新扩张。而在研发产出上，认同效应的减弱、互补效应的增强，以及中国国民在学习英语教育体系中常融入西方文化元素，使得技术、专利、高精尖人员的整合更加容易。因此，在官方语言为英语的国家样本中，语言距离对并购企业的研发投入负向抑制作用并不显著，但对研发产出却表现出积极影响。

表 5-6 RDR（3）列数据核心解释变量语言距离回归系数为负且显著，CUR（4）列数据核心解释变量系数为负但不显著，实证结果显示在官方语言为非英语的东道国进行并购，语言距离会抑制并购企业的研发投入，但对研发产出的影响不明显。以经济逻辑看，东道国官方语言不是英语时，语言距离的认同效应表现更强，语言沟通成本更高。这是由于官方语言为非英语的东道国多具有深厚的本土文化壁垒，导致外来企业面临更强的文化排他性。沟通中双方需要用同一种语言作为中介，导致语义损耗率增加，引发交流障碍和信息不对称，从而阻碍并购企业开展大规模的研发投入。而在研发产出方面，由于官方语言为非英语的样本国家主要分布在欧洲发达地区，中国企业针对发达国家的跨国并购获取核心技术和专利的行为，在一定程度上掩盖了语言距离对研发产出的消极影响。

表 5-6 分样本检验(1)

变量	官方语言为英语国家 RDR (1)	官方语言为英语国家 CUR (2)	官方语言为非英语国家 RDR (3)	官方语言为非英语国家 CUR (4)	超中心语言国家 RDR (5)	超中心语言国家 CUR (6)	非超中心语言国家 RDR (7)	非超中心语言国家 CUR (8)
LD	0.0018 (0.0276)	0.1278* (1.8424)	−0.0913*** (−3.8933)	−0.0168 (−0.6520)	−0.1159*** (−4.1028)	−0.0782*** (−2.9820)	−1.1371** (−2.5241)	0.7743 (0.9808)
IP	1.7250 (1.1777)	9.4627** (2.2456)	−2.1946** (−2.3389)	−8.4594*** (−3.5985)	0.7766 (0.9981)	−0.1173 (−0.0393)	−2.5569* (−1.6548)	0.7137 (0.4557)
GE	1.6930* (1.8013)	0.3488 (0.1533)	1.3946 (1.4561)	2.5686 (0.9441)	0.0493 (0.0688)	−1.2484 (−0.5765)	4.3150** (2.5113)	−4.7885* (−1.7108)
LAB	−2.2073 (−1.3412)	−3.9515 (−1.3676)	0.3474 (0.3458)	4.1625** (2.0760)	−0.1772 (−0.2582)	0.6144 (0.4171)	−2.1787 (−1.4630)	−0.1593 (−0.1044)
IFA	1.7058 (1.4478)	−0.4116 (−0.1692)	0.9798* (1.9461)	6.3804*** (4.1677)	−0.3782 (−0.6707)	0.2062 (0.0977)	2.3596** (2.1019)	1.5993 (1.2620)
LC	−5.5369** (−2.0424)	−9.3845* (−1.8085)	−0.1715 (−0.1947)	−5.1015 (−1.5553)	0.9776 (0.7883)	−0.4551 (−0.1359)	−5.0666* (−1.6758)	1.3171 (0.2395)
GDP	−0.6894 (−1.0909)	0.6032 (0.5210)	0.0480 (1.0760)	0.2520*** (2.6537)	−0.0218 (−0.2883)	−0.6640 (−1.3913)	−11.6655 (−1.1882)	0.0475 (0.5307)
NPT	0.0061 (0.1460)	−0.0349 (−0.5483)	0.0475 (1.3202)	−0.3206 (−1.2195)	0.0226 (0.9939)	−0.1945 (−1.5265)	0.4114** (2.1891)	0.0552 (0.1599)

续表

变量	官方语言为英语国家 RDR (1)	官方语言为英语国家 CUR (2)	官方语言为非英语国家 RDR (3)	官方语言为非英语国家 CUR (4)	超中心语言国家 RDR (5)	超中心语言国家 CUR (6)	非超中心语言国家 RDR (7)	非超中心语言国家 CUR (8)
OPC	−0.1111 (−1.4687)	−0.0571 (−0.2344)	−0.0360 (−0.3149)	1.3611 (1.5126)	0.0299 (0.4449)	0.7572 (1.6040)	−0.5651** (−2.5700)	−0.7600** (−2.2371)
OPP	−0.0107 (−0.3465)	0.0245 (0.4527)	−0.0627** (−2.3217)	0.2268 (1.1048)	−0.0248 (−1.4811)	0.1474 (1.5234)	−0.2443* (−1.9289)	−0.0554 (−0.2456)
ADR	4.7928 (0.8926)	20.2705* (1.9383)	−19.4874** (−2.1927)	3.4700 (0.5109)	−10.2584* (−1.7569)	6.4195 (1.0064)	−13.2237 (−1.2499)	18.3123 (0.9833)
TAR	−4.1005 (−0.9422)	−15.8286* (−1.8301)	14.4013* (1.8757)	−5.8513 (−0.9735)	7.1915 (1.4734)	−7.5176 (−1.5249)	11.2967 (1.1597)	−15.7156 (−0.9205)
CPR	3.2839*** (3.8639)	3.3701 (0.9427)	−3.3076 (−1.1308)	−1.8127 (−0.5513)	0.2382 (0.1020)	−2.5718 (−0.7292)	2.2277 (0.5989)	8.0154 (1.0392)
C	18.0907*** (3.0027)	16.6099* (1.6515)	6.1243* (1.8483)	8.6473 (1.3727)	0.0435 (0.0181)	9.3021* (1.6560)	25.2380** (2.4199)	2.6404 (0.2871)
N	468	709	384	505	671	989	184	238
$Adj.R^2$	0.0297	−0.0010	0.0669	0.0706	0.0211	0.0007	0.0412	0.0057
F 值	3.31	1.14	3.68	2.28	3.11	1.59	1.46	1.61

注：***、**、* 分别表示 1%、5%、10% 的显著性水平，以下各表同。

表5-6 RDR（5）列和CUR（6）列数据为超中心语言国家的回归结果，RDR（7）列和CUR（8）列数据为非超中心语言国家的回归结果。其中，RDR（5）列和CUR（6）列数据中语言距离的回归系数为负且显著，实证显示，当东道国为超中心语言国家时，语言距离对并购企业的研发投入和研发产出均具有负向抑制作用，与全样本回归结果一致。RDR（7）列数据语言距离的估计系数为负且显著，但CUR（8）列数据语言距离的回归系数为正且不显著，实证含义表明，当东道国为非超中心语言国家时，语言距离对并购企业研发投入的影响为负且显著，但对并购企业研发产出的影响不明显。这是由于样本期内非超中心语言国家主要涉及西亚、中亚等地区的共建"一带一路"国家，这些国家的传统文化、宗教文化在日常工作中占据突出的地位，因此语言距离引发的文化认同冲突更为显著，中国企业需投入更多精力和成本用于并购后的整合，企业对并购后是否增加研发投入会审慎考虑。同时，这些国家历史上受丝绸之路文化交流影响，一定程度上增强了语言距离的互补效应，提升了并购后的整合效果，因此表现为语言距离对并购企业研发产出的影响并不明显。

同时，考虑到不同文化圈中语言距离对中国跨国并购企业创新的影响可能并不一致，本书将样本按受中国儒家文化影响的程度分为两类，一类依据是否包含华人经济圈划分，另一类依据是否设有孔子学院划分，具体结果如表5-7所示。表5-7 RDR（1）列和CUR（2）列数据为并购企业进入不包含华人经济圈东道国的回归结果，RDR（3）列和CUR（4）列数据为并购企业进入包含华人经济圈东道国的回归结果。其中，RDR（1）列和CUR（2）列数据显示核心解释变量语言距离回归系数均为负且显著，实证显示，当并购企业进入不包含华人经济圈的东道国时，语言距离对并购企业的研发投入和研发产出均具有负向抑制作用，与全样本检验结果一致。而RDR（3）列数据核心解释变量语言距离回归系数为正且不显著，CUR（4）列数据核心解释变量语言距离回归系数为负且不显著，说明当并购企业进入包含华人经济圈的东道国时，语言距离

第五章 语言距离对跨国并购企业创新影响的实证分析

对研发投入和研发产出的影响均不明显。究其原因,这可能源于华人经济圈的形成需要一定的历史沉淀和文化积累,如新加坡、马来西亚等国家的华人经济圈具有较深的历史渊源,该地区华人群体普遍掌握中文,且部分国民具备中文沟通能力,从而一定程度上抵消了语言认同效应的消极作用,强化了互补效应。因此,相较于在不包含华人经济圈的国家进行并购,在包含华人经济圈的国家进行的并购中,语言距离对并购企业创新的抑制作用并不显著。

表 5-7 RDR(5)列和 CUR(6)列数据为无孔子学院的东道国的回归结果,RDR(7)列和 CUR(8)列数据为有孔子学院的东道国的回归结果。RDR(5)列数据中关键解释变量语言距离系数为负且显著,CUR(6)列数据关键变量系数为正且不显著,其实证含义为,当企业在没有开设孔子学院的东道国进行并购时,语言距离对并购企业研发投入具有显著阻碍作用,但对研发产出的阻碍作用不显著。通过分析数据发现,与中国有着重要经贸往来的国家往往设有较多孔子学院,例如,在样本中美国、英国、德国的孔子学院数量排名前三位;而经贸往来较少、地缘较远且经济较不发达的国家则很少开设孔子学院,例如,阿尔巴尼亚、阿曼、毛里求斯等国家未开设孔子学院,因此并购企业在无孔子学院的东道国的并购类型多为市场获取型,那么语言距离带来的信息不对称、交易成本高等直接阻碍并购企业增加研发投入,但当地市场的低廉劳动成本可能会带来规模效应,对研发产出的影响可能不明显。表 5-7 的 RDR(7)列和 CUR(8)列数据中关键核心解释变量的语言距离回归系数均为负且显著,实证含义说明当企业在有孔子学院的东道国进行并购时,语言距离对研发投入和研发产出均具有负向影响。其经济含义说明,相较于在东道国开设孔子学院对减弱语言距离的文化认同效应、提升互补效应的作用有限。这可能源于孔子学院的开设多为散点式布局,且开设时间多在 2008 年之后,而文化的影响多需要更久的历史沉淀,因此,在有孔子学院的东道国进行并购,语言距离对企业创新的影响与全样本结果一致,呈现抑制作用。

表 5-7 分样本检验（2）

变量	不包含华人经济圈 RDR (1)	不包含华人经济圈 CUR (2)	包含华人经济圈 RDR (3)	包含华人经济圈 CUR (4)	没有孔子学院 RDR (5)	没有孔子学院 CUR (6)	有孔子学院 RDR (7)	有孔子学院 CUR (8)
LD	−0.1511*** (−4.4312)	−0.0751*** (−2.6675)	0.0313 (0.5111)	−0.0260 (−1.2602)	−0.0640*** (−2.9622)	0.0440 (0.8867)	−0.1373*** (−3.6321)	−0.1395* (−1.6891)
IP	−0.4762 (−0.6593)	−0.9754 (−0.3623)	2.4962 (0.9969)	0.0340 (0.0557)	−0.8222 (−0.8114)	0.8265 (0.1784)	0.1859 (0.2296)	−0.0416 (−0.0143)
GE	0.3584 (0.5891)	−1.0681 (−0.5057)	−4.0906 (−0.9625)	−0.0490 (−0.0489)	3.4445 (1.1134)	−5.1767 (−0.5887)	0.0973 (0.1469)	−0.6626 (−0.3421)
LAB	0.4747 (0.7765)	0.5587 (0.4305)	0.1379 (0.0488)	0.8293* (1.8186)	−1.0117 (−0.3513)	−3.2384 (−0.9203)	0.1776 (0.2707)	0.6585 (0.4908)
IFA	−0.5083 (−1.0591)	1.0416 (0.5860)	−0.9765 (−0.4444)	1.7198*** (2.7860)	0.4097 (0.5223)	0.1285 (0.0275)	−0.3077 (−0.5708)	1.5129 (0.7942)
LC	1.3096 (1.4477)	−0.1971 (−0.0669)	5.5255 (1.5904)	−3.4924** (−2.5998)	−2.8966 (−1.3659)	18.1564 (1.2472)	0.7935 (0.7002)	−2.3477 (−0.9051)
GDP	−0.1660 (−1.4826)	−0.6949 (−1.3399)	15.2595 (1.5476)	0.0049 (0.2014)	18.6705** (2.1059)	48.3259 (0.4498)	−0.0384 (−0.5311)	−0.1802 (−1.6388)
NPT	0.0264 (1.2618)	−0.1958 (−1.4975)	−0.0205 (−0.0783)	−0.1519** (−2.1290)	0.1546 (1.1714)	−0.2607 (−0.6606)	0.0341 (1.5067)	−0.1834 (−1.4372)

续表

变量	不包含华人经济圈 RDR (1)	不包含华人经济圈 CUR (2)	包含华人经济圈 RDR (3)	包含华人经济圈 CUR (4)	没有孔子学院 RDR (5)	没有孔子学院 CUR (6)	有孔子学院 RDR (7)	有孔子学院 CUR (8)
OPC	−0.0168 (−0.3085)	0.5820 (1.3773)	−0.2762 (−0.8264)	−0.1443 (−1.0218)	−0.2123 (−1.4642)	−0.4584 (−1.0488)	−0.0374 (−0.5521)	0.8038* (1.6938)
OPP	−0.0281* (−1.7766)	0.1526 (1.5285)	−0.0587 (−0.2793)	0.1628** (2.3119)	−0.1272 (−1.4216)	0.2157 (0.7499)	−0.0323* (−1.9166)	0.1392 (1.4387)
ADR	−9.6730* (−1.7742)	10.1794 (1.5524)	−6.0153 (−0.6416)	−2.0164 (−0.9671)	−17.9233 (−0.9011)	37.1211 (1.1139)	−9.0208* (−1.6537)	5.3582 (0.8866)
TAR	7.1383 (1.5464)	−10.0295* (−1.8817)	6.3329 (0.7568)	0.7046 (0.4028)	18.7947 (1.2824)	−24.6167 (−0.9203)	6.3484 (1.3827)	−7.0156 (−1.4781)
CPR	0.3822 (0.1631)	−1.2011 (−0.3965)	1.6609 (0.8590)	1.4973 (0.8469)	−238.1669 (−0.9615)	6.8087 (0.6035)	0.5692 (0.3019)	−2.4259 (−0.6741)
C	1.6987 (0.7318)	7.0458 (1.3466)	−17.0119* (−1.9163)	6.7582*** (2.8589)	10.9906 (1.1629)	−63.9381 (−1.2535)	1.8943 (0.8364)	8.1511** (1.9644)
N	783	1,077	72	150	92	111	763	1,116
$Adj.R^2$	0.039	0.011	0.267	0.127	0.249	0.053	0.032	0.014
F值	4.07	1.59	4.30	2.25	6.51	0.42	3.38	1.74

注：***、**、* 分别表示1%、5%、10%的显著性水平，以下各表同。

第五节 稳健性检验

一、测度误差

考虑到核心解释变量（语言距离）和被解释变量（并购企业创新）可能存在测度误差，本书进行了重新测度，以保证结果稳健。语言距离的测度误差可能主要来源于两个方面。一方面，语言距离的谱系测度上，WALS 语料库中特征测度可能存在一定主观性，而直接测度普通话与其他语言的谱系关系较为困难，因此本书将一国国民英语熟练度作为链接普通话与其他语言的桥梁。具体选用英孚教育发布的《英语熟练度指标报告》[①]中的中国国民英语熟练度与其他东道国国民英语熟练度差的绝对值来测度语言距离纵向传播距离（AV_{abt}），然后用该指标（AV_{abt}）乘以语言横向传播距离（$R_{abt} \times R_{bat}$），得到语言距离测度指标（LD_1），具体见式（5-7）。另一方面，考虑到语言距离测度可能存在纵向传承和横向传播误差，这里同时替代了语言距离的横向传播距离和纵向传播距离。具体来看，本书选用中国设立的孔子学院或课堂数量[②]来表征横向传播距离（HD_{abt}），若中国在一个国家设立的孔子学院或课堂越多，则认为普通话与该国语言的横向传播距离越近，然后用该横向传播指标（HD_{abt}）乘以语言纵向传承距离（AV_{abt}），得到语言距离测度指标（LD_2），具体见式（5-8）。

$$LD_1 = AV_{abt} \times R_{abt} \times R_{bat} \qquad (5-7)$$

[①] 数据来自：https://liuxue.ef.com.cn/epi/downloads/。
[②] 数据来自：2008—2017 年《孔子学院发展报告》。

$$LD_2 = AV_{abt} \times HD_{abt} \qquad (5-8)$$

表 5-8 RDR（1）列和 CUR（2）列数据分别为替换纵向传承维度测度的语言距离（LD_1）对并购企业研发投入和研发产出的回归结果，RDR（3）列和 CUR（4）列数据分别是同时替换横向传播距离和纵向传承距离测度的语言距离（LD_2）对研发投入和研发产出的估计，结果显示，语言距离对并购企业研发投入和研发产出的影响仍为负且显著。

对被解释变量并购企业创新而言，本书选用研发投入占营业收入比例指标和无形资产增量指标虽然能涵盖企业创新全过程，但难以衡量创新过程中的研发人员和专利情况。因此，本书选择研发人员数量占比（RPR）作为研发投入的替代变量，同时采用已申请专利（Patent）作为研发产出的替代变量。表 5-8（5）列数据是语言距离对研发人员数量占比（RPR）的回归结果，（6）列数据是语言距离对已申请专利（Patent）的估计结果显示，语言距离对研发产出的负向影响没有改变。

Ahuja 和 Katila（2001）及 Stiebale（2016）的研究表明，企业跨国并购对其自身创新的影响主要集中在并购完成后 3 年内，因此本书选取了 2008—2017 年中国 A 股上市企业并购当年及并购后 3 年内的样本进行回归检验，具体结果见表 5-8 RDR（7）列和 CUR（8）列数据。研究发现语言距离对并购企业研发投入和研发产出的影响均为负且显著。上述结果表明基准结果稳健。

表 5-8 可能的测度误差

变 量	替换语言距离 1 RDR (1)	替换语言距离 1 CUR (2)	替换语言距离 2 RDR (3)	替换语言距离 2 CUR (4)	替换因变量 RPR (5)	替换因变量 Patent (6)	换样本 RDR (7)	换样本 CUR (8)
LD_1	−0.8556* (−1.7799)	−2.4450** (−2.1016)						
LD_2			−0.0020*** (−4.6950)	−0.0014** (−2.2164)				
LD					−0.1300** (−2.1945)	−0.0119** (−2.1067)	−0.1830*** (−3.3155)	−0.1117** (−2.1489)
C	5.1260** (2.1609)	9.3539 (1.4728)	16.4188*** (3.7256)	15.6226*** (2.7480)	25.2323*** (3.7664)	1.7610** (2.5307)	2.7304 (0.9409)	8.1147 (1.6390)
控制变量	是	是	是	是	是	是	是	是
N	691	941	445	662	555	391	474	767
$Adj.R^2$	0.0072	−0.0009	0.0291	−0.0044	0.0254	0.0739	0.0941	0.0135
F 值	2.78	1.84	2.73	1.20	3.20	2.15	4.28	1.95

注：***、**、* 分别表示 1%、5%、10% 的显著性水平，以下各表同。

二、其他控制变量检验

考虑到语言距离可能与其他因素相关，本书进一步对其他控制变量进行检验。其中一个影响因素是地理距离（DIST），企业跨国并购中地理距离可能通过增加语言沟通障碍（胡曙虹等，2019），间接放大语言距离的负面效应，还会加剧跨国合作过程中的信息不对称问题，导致跨国交易成本和道德风险增加（张娟等，2017），进而影响并购企业的研发投入和研发产出。具体来说，一方面历史上地理阻隔导致移民规模小，语言同化现象相对较少，从而语言距离较大。事实上，可以发现亚洲地区日语、韩语与中文之间存在相通性，而欧洲地区法语、德语、英语之间存在相通性。另一方面地理距离会带来时差问题和增加企业搜索信息成本，从而在一定程度上抑制研发投入，同时地理距离会加重并购中信息不对称问题，使得并购企业面临更大的道德风险、违约风险、法律风险及核心技术欺诈风险，这些均会影响并购企业研发投入和研发产出。为了排除这一可能性，本书在基准回归基础上控制了地理距离的影响。本书选择主要城市间的球面距离来测度地理距离，具体结果见表5-9 RDR（1）列和CUR（2）列数据，结果显示，在控制地理距离因素后，语言距离对企业创新的负向影响仍然存在。

另一个影响因素是国家间的民间舆论关系（PII）。两国间的语言距离越近，舆论关系可能越紧密，这种舆论关系不仅会影响并购企业在当地的并购融合、市场开拓，还会影响员工间的合作和研发，进而影响并购企业的创新。为了控制民间舆论关系的影响，本书参考李钢和孟丽君（2019）的研究，通过控制国家间的舆论影响力指数来进一步检验语言距离与企业创新之间的关系。其中舆论影响力指数由舆论褒贬度指数均值和舆论报道总篇数构成。具体结果见表5-9 RDR（3）列和CUR（4）列数据，表明在控制了国家间的民间舆论关系后，语言距离对企业创新的影响仍为负且显著，本书的研究结果未发生改变。

表 5-9 其他控制变量检验

变量	控制地理距离（DIST）		控制舆论影响力指数（PII）		全部控制	
	RDR (1)	CUR (2)	RDR (3)	CUR (4)	RDR (5)	CUR (6)
LD	-0.1128*** (-4.6123)	-0.0635*** (-2.6575)	-0.1149*** (-4.5061)	-0.0664*** (-2.7718)	-0.1137*** (-4.6242)	-0.0656*** (-2.8087)
DIST	-0.1082* (-1.9039)	-0.1114 (-1.2836)			-0.1145** (-1.9861)	-0.1171 (-1.3277)
PII			-0.1981 (-0.9213)	-0.4064 (-0.6859)	-0.2129 (-0.9838)	-0.4124 (-0.6951)
C	3.8688* (1.8479)	10.1778** (1.9728)	3.0040 (1.4102)	9.8428** (2.1002)	4.0280* (1.9289)	11.0198** (2.2291)
控制变量	是	是	是	是	是	是
N	855	1227	855	1227	855	1227
$Adj.R^2$	0.0174	0.0014	0.0172	0.0018	0.0175	0.0011
F 值	3.70	2.23	3.54	2.05	3.45	2.23

注：***、**、* 分别表示 1%、5%、10% 的显著性水平，以下各表同。

表 5-9 RDR（5）列和 CUR（6）列数据是控制了地理距离和国家间的民间舆论关系的回归结果，发现语言距离对并购企业创新的负向影响仍然存在。这说明，虽然地理距离和民间舆论关系与并购企业创新和语言距离密切相关，但这并不影响语言距离本身对并购企业创新的影响，即本书的研究结果是稳健的。

三、其他内生性问题

上述实证结果表明语言距离对中国跨国并购企业研发投入和研发产出具有一定阻碍作用，但是这一结果可能是源于模型中存在遗漏变量和反向因果问题。因此，本书选择中国与东道国之间的冲突事件与合作事件总数之比（TPE）作为工具变量来解决该问题，数据来自 GDELT 数据库。

表 5-10 体现的是工具变量的回归结果。研发投入方面，IV first stage for LD（1）列数据是中国与东道国之间冲突事件与合作事件总数之比（TPE）对语言距离第一阶段的估计结果，结果显示，工具变量的回归系数为负且显著；Second stage RDR（2）列数据是第二阶段的估计结果，与全样本的回归结果一致，即语言距离负向影响并购企业研发投入，且 Wald F 值为 42.01，表明工具变量有效。研发产出方面，IV first stage for LD（3）列数据是中国与东道国之间冲突事件与合作事件总数之比对语言距离第一阶段的估计结果，工具变量的回归系数为负且显著；Second stage RDR（4）列数据是第二阶段的估计结果，结果显示，语言距离对并购企业研发产出的负向影响与全样本结果相比没有改变，且 Wald F 值为 32.59，同样表明工具变量有效。

表 5-10　工具变量检验

变　量	IV first stage for *LD* (1)	Second stage RDR (2)	IV first stage for *LD* (3)	Second stage CUR (4)
LD		−0.4304*** （−2.6172）		−0.5622* （−1.7301）
IV（TPE）	−11.7261*** （−5.9815）		−12.5374*** （−3.9142）	
C	−18.2684*** （−6.3220）	−3.2369 （−0.7938）	−6.2294* （−1.8987）	4.9821 （0.9493）
控制变量	是	是	是	是
N	855	855	1227	1227
R_squared		−0.0521		−0.027
Kleibergen-Paap rk Wald F statistic	35.778		15.321	

注：***、**、* 分别表示 1%、5%、10% 的显著性水平，以下各表同。

第六节　本章小结

　　本章聚焦企业跨国并购中技术创新面临的文化距离问题，构建测度文化差异中语言维度的距离指标，从研发投入和研发产出两个层面来综合探究语言距离对中国跨国并购企业创新的影响机理，并使用 2008—2017 年中国 A 股上市的 285 家跨国并购企业数据进行语言距离对企业创新的影响和作用机制的实证检验，接下来进一步探究了经济自由度和东道国制度环境对并购企业创新的调节作用及异质性分析。

第六章

研究结论与未来展望

第一节　研究结论

在全球化背景下，文化差异与集体认同研究日益重要的当下，从文化距离视角解析跨国并购企业的技术创新效应显得尤为必要。首先，本书归纳总结文化距离和跨国并购企业发展历程、发展现状的典型事实。其次，融合文化距离和企业资源整合两类经济理论，通过分解并购企业"转移——消化——整合——运用"资源的过程，剖析文化距离影响海外并购企业创新的内在机制，同时探究企业性质、东道国制度环境对该机制的调节作用。再次，本书从文化距离基本层维度即语言距离维度入手，将文化距离中的文化互补（正向互补效应）和文化认同（负向抑制效应）纳入企业并购后的融合分析框架，探究语言距离对并购企业创新的影响。最后，在典型事实和理论模型的指导下，构建文化距离影响海外并购企业创新的面板数据基础模型，并对文化距离进行两种维度的测度，即霍夫斯泰德的六维度综合文化距离和语言距离，实证分析文化距离对海外并购企业创新的影响及作用机制。并且在模型中纳入企业性质和东道国制度环境的调节作用，验证其对文化距离与并购企业创新关系的调节机制，同时检验异质性样本下文化距离对并购企业创新的不同影响。综上，本书得出以下结论。

一方面，就传统的文化六维度实证结果来看，第一，文化距离抑制了中国跨国并购企业的创新，即文化距离越大，中国跨国并购企业的研发投入和研发产出越低。第二，权力距离差异和长期－短期导向差异抑制了中国跨国并购企业的研发投入和研发产出，即中国和东道国的权力距离差异和长期－短期导向差异越大，中国跨国并购企业的研发投入和研发产出越低。集体－个体主义差异、不确定性规避差异和放纵约束差异对中国跨国并购企业研发投入和研发产出有抑制作用，即中国与东道国的集体－个体主义差异、不确定性规避差异和放纵约束差异越大，中国跨国并购企业研发投入和研发产出越低。而阳刚－阴柔气质差异不影响中国跨国并购企业的研发投入和研发产出。第三，企业所有权性质有效缓解了文化距离对中国海外并购企业创新的抑制作用，经济自由度对文化距离影响跨国并购企业创新的调节作用不明显。第四，将样本按照发展水平分为发展中国家和发达国家，按照区域分为亚洲地区和其他地区，结果表明，文化距离对东道国为发达国家和其他地区的中国跨国并购企业创新的抑制效果突出。

另一方面，从文化的纵向传播和横向同化着手构建测度跨国文化差异中语言维度的新指标——语言距离，利用语言距离探究文化对跨国并购企业创新的影响机制和作用情境。研究发现，第一，语言距离作为一种非制度性文化差异，通过国家间语言谱系差异、企业间沟通壁垒、员工间语言鸿沟3个层次，形成企业并购中的文化交流障碍，抑制了并购企业的创新能力。第二，语言距离对并购企业创新的抑制作用主要是通过认同效应和互补效应叠加形成的，在经济自由度高和制度环境好的东道国这一抑制作用有所加强。第三，相较于对官方语言为英语的东道国进行企业并购，对官方语言为非英语的东道国进行企业并购时，语言距离对并购企业创新的阻碍作用更明显。这一结论增强了语言距离影响并购企业创新的认知，即英语作为全球通用语言，使官方语言为英语的国家受到更多的文化影响和冲击，其对自身文化的认同会减弱，而对其他文化的包容会增强。第四，相较于对非超中心语言东道国进行企业并购，对超中心语言东道国企业并购时，语言距离对并购企业创新更具阻碍作用。这一结论强化了对中国跨国并购企业"走出去"的认知，由于样本期内中国跨国并购企业涉及的非超中心语言东道国主要有西亚、中亚等地区的国家，因当代政策推动下的高频文化交流，形成较强的文化互补效应。第五，相较于对包含华人经济圈的东道国企业进行并购，对不包含华人经济圈的东道国企业进行并购时，语言距离对并购企业创新的阻碍作用更明显。第六，相较于向没有设立孔子学院的东道国企业进行并购，对设立孔子学院的东道国企业进行并购时，语言距离对并购企业创新具有更强的阻碍作用，这意味着文化融合并非一朝一夕。

第二节　未来展望

一、国家层面

一方面，应继续推进中华文化走向世界，增强文化距离中互补效应的积极影响。通过促进国际经济合作交流会议的举办、孔子学院的建立、中国影视作品的"出海"、塑造华人华侨在东道国的影响力等举措来推进中华文化和世界的融合，增强文化距离中的"互补效应"，减弱认同冲突的影响。

另一方面，政府应积极为跨国并购企业提供目标国家的相关政策、法律法规、民族习惯等信息，帮助企业识别并购过程中将要面临的差异。政府还应实施差别化的跨国并购政策，鼓励和引导企业跨国并购优先选择文化距离较近的国家或地区，进而促进并购企业的创新。

二、企业层面

一方面，跨国并购企业在"走出去"前要做好充足的准备。首先，企业要确定并购目标，识别并购中的文化风险，从而提高跨国并购时应对跨国文化冲突的能力并提高跨国并购的成功率。其次，企业在并购前应对技术发展的趋势进行深入分析，并且设定技术整合的预期目标，对技术进行准确评估，明确目标方技术水平，对双方技术资源的互补性做出判断。再次，企业还需衡量东道国经济自由度和制度环境对企业创新的影响。尽管经济自由度、制度环境对语言距离对并购企业创新抑制效应具有正向调节作用，但并购企业仍需通过主动适应来提升竞争力，短期来看创新收益可能较小，但长期来看创新能力将获得更大提升空间。

另一方面，跨国并购企业应营造员工间文化融合氛围，提升知识共享和知识转化能力，建立起符合跨国并购企业自身实际情况的文化吸收的人才培养机制，进而激发企业员工的创新活力。首先，并购企业可以为并购目标方制定合理的发展方向，如通过合理安置技术骨干，保留核心研发团队，确保目标企业研究项目的持续性与创新性。这可以给目标方管理人员和技术人员留下好的印象，为后续的技术顺利转移奠定基础。其次，企业应为员工提供文化融合培养机会，鼓励多文化交流和互动，促使企业文化多元化发展，增强企业自身的文化融合能力。

参考文献

[1] Adams R, Bessant J, Phelps R. Innovation management measurement: A review[R]. Cambridge, MA: National Bureau of Economic Research, 2001.

[2] Agarwal S. Cultural Distance and the Choice of Joint Ventures: A Contingency Perspective[J]. Journal of International Marketing, 1994, 2(2): 63-80.

[3] Ahammad M F, Glaister K W. Postacquisition Management and Performance of Cross-Border Acquisitions[J]. International Business Review, 2011, 20(6): 688-699.

[4] Ahern K R, Daminelli D, Fracassi C. Lost in translation? The effect of cultural values on mergers around the world[J]. Journal of Financial Economics, 2015, 117(1): 165-189.

[5] Ahuja G, Katila R. Technological acquisitions and the innovation performance of acquiring firms: a longitudinal study[J]. Strategic Management Journal, 2001, 51(2): 251-263.

[6] Alam M S, Atif M, Ching-Chi C, et al. Does corporate R&D investment affect firm environmental performance? Evidence from G-6 countries[J]. Energy Economics, 2019, 78: 401-411.

[7] Astraf O, Galor, O. The 'Out of africa' Hypothesis, Human Genetic Diversity, and Comparative Economic Development[J]. American Economic Review, 2013, 103(1): 1-46.

[8] Azar G, Drogendijk R. Cultural distance, innovation and export performance [J]. European Business Review, 2016, 28(2): 176-207.

[9] Azar G, Drogendijk R. Cultural distance, innovation and export performance[J]. European Business Review, 2016, 28(2): 176-207.

[10] Bai Y, Kung J. Does genetic distance have a barrier effect on technology diffusion? Evidence from historical China[R]. Hong Kong: Hong Kong University of Science and Technology, 2014.

[11] Banalieva E, Dhanaraj C. Home-region orientation in international expansion strategies[J]. Journal of International Business Studies, 2013, 44(2): 89-116.

[12] Barkema H G, Shenkar O, Vermeulen F, et al. Working Abroad, Working with others: How Firms Learn to Operate International Joint Ventures [J]. Academy of Management Journal, 1997, 40 (2): 426-442.

[13] Bena J, Li K. Corporate Innovation and Mergers and Acquisition[J]. The Journal of Finance, 2014, 69(5): 1923-1960.

[14] Beugelsdijk S, Kostova T, Kunst V E, et al. Cultural Distance and Firm Internationalization: A Meta-Analytical Review and Theoretical Implications [J]. Journal of Management, 2017, 44(1): 89-130.

[15] Beugelsdijk S, Kunst V E. Cultural Distance and Firm Internationalization: A Meta-Analytical Review and Theoretical Implications [J]. Journal of Management, 2017, 44(1): 89-130.

[16] Bhasin N, Jain V. Outward FDI from India: An Examination into the Role of Host Country Factors[J]. Transnational Corporations Revies, 2015, 7(3): 316-334.

[17] Bhaumik S K, Driffield N, Zhou Y. Country-specific advantage, institutional distance and Chinese foreign direct investment[J]. International Business Review, 2016, 25(6): 1227-1239.

[18] Bleakley H, CHIN A. Language Skills, Earnings: Evidence from Childhood Immigrants[J]. Review of Economics and Statistics, 2004, 86(2): 481-496.

[19] Boubakri N, Ghoul S, Guedhami O. Corporate social responsibility in emrging market economies: Determinants, consequences, and future research directions[J]. Emerging Markets Review, 2021, 46(3): 1121–1131.

[20] Branstetter L. Is Foreign Direct Investment a Channel of Knowledge Spillovers? Evidence from Japan's FDI in the United States[J]. Journal of International Economics, 2006, 68(2): 325–344.

[21] Brown S, Gray D, Mchardy J, et al. Employee trustand workplace performance[J]. Journal of Economic Behavior and Organization, 2015, 116: 361–378.

[22] Casillas J, Menéndea A. Speed of the internationalization process: The role of diversity and depth in experiential learning [J]. Journal of International Business Studies, 2014, 45(1): 85–101.

[23] Chen S, Hennart J F. A hostage theory of joint ventures: why do Japanese investors choose partial over full acquisitions to enter the United States?[J]. Journal of Business Research, 2004, 57(10): 1126–1134.

[24] Chen V Z, Li J, Daniel M, et al, International reverse spillover effects on parent firms: Evidences from emerging-market MNEs in developed markets[J]. European Management Journal, 2012, 30(3): 204–218.

[25] Chiswick B R, Miller P W. Linguistic Distance: A Quantitative Measure of the Distance between English and Other Languages[J]. Journal of Multilingual and Multicultural Development, 2005, 20(26): 1–11.

[26] Corritore M, Goldberg A, Srivasava S B. Duality in Diversity: How Intrapersonal and Interpersonal Cultural Heterogeneity Relate to Firm Performance[J]. Administrative Science Quarterly, 2019, 65(2): 359–394.

[27] Danny T W, Flora F G, David K T, et al. When does FDI Matter? The

Roles of Local Institutions and Ethnic Origins of FDI[R]. International Business Review, 2012, 22(2): 450-465.

[28] Deschryvere M, Ali-Yrkko J. The Impact of Overseas R&D on Domestic R&D Employment[J]. The Oxford Handbook of Offshoring and Global Employment, 2013: 180-221.

[29] Desmet K, Breton M L, ORTUñO-ORTíN I, et al. Nation Formation and Genetic Diversity [R]. Cambridge, MA: National Bureau of Economic Research, 2006.

[30] Desmet K, Breton M L, Ortuno-Ortin I, et al.The Stability and Breakup of Nations: A Quantitative Analysis[J]. Journal of Economic Growth, 2011, 16(3):183-213.

[31] Desyllas P, Hughes A. Do high Technology acquirers become more innovative?[J]. Research Policy, 2010, 38(8): 1105-1121.

[32] Driffield N, Mahambare V, Pal S. How Does Ownership Structure Affect Capital Structure and Firm Value? Recent Evidence from East Asia[J]. Economics of Transition, 2007, 15(3): 535-573.

[33] Duysters J G. Hagedoorn J. The Effect of Mergers and Acquisitions on the Technological Performance of Companies in a High-tech Environment [J]. Technology Analysis Strategic Management 2002, 8(25): 67-85.

[34] Easterly W, Levine R. Africa's Growth Tragedy: Policies and Ethnic Divisions[J]. The Quarterly Journal of Economics, 1997: 1203-1250.

[35] Elia S, Messeni P A, Plscitello L. The impact of cultural diversity on innovation performance of MNC subsidiaries in strategic alliances [J]. Journal of Business Research, 2019, 98(5):204-213.

[36] Flammer C, Bansal P. Does a long-term orientation create value? Evidence from a regression discontinuity[J]. Strategic Management Journal, 2017, 38(9): 1827-1847.

[37] Florian B, Kurt M, Wolf S. M&A and innovation: The role of integration and cultural differences-A central European targets perspective[J]. International Business Review, 2014, 25(10): 76-86.

[38] Florian S. M&A and R&D: Asymmetric effects on acquirers and targets[J]. Research Policy, 2014, 43(7):1264-1273.

[39] Francesca S R. The Impact of Foreign Direct Investment on Home and Host Countries with Endogenous R&D[J]. Review of International Economics, 2002, 10(2): 278-298.

[40] Galor O, Moav O. Natural Seclection and the Origin of Economic Growth[J]. Quarterly Journal of Economics, 2002, 117(4): 1133-1191.

[41] Giuliano P, Antonio S G, Culture and Geographical Distances[R]. Bom: IZA Lnstitute of Labor Economics, NO. 2229, 2006.

[42] Gomez-Lechon M J, Doonato T, Ponsoda X, et al. Isolation, Culture and Use of Human Hepatocytes in Drug Research [M]. In Vitro Methods in Pharmaceutical Research. San Diego: Academic Press. 1997.

[43] Graebner E, Koen H, Quy N H, et al The Process of Post Merger Integration: A Review and Agenda for Future Research[J]. The Academy of Management Annals, 2017, 11(1): 1-32.

[44] Guadalupe M, Kuzmina O, Thomas C. Innovation and Foreign Ownership[J]. American Economic Review, 2012, 102(7):3594-3627.

[45] Guiso L, Sapienza P, Zingales L. Cultural Biases in Economic Exchange?[J]. Quarterly Journal of Economics, 2009, 124(3): 1095-1131.

[46] Guiso L, Sapienza P, Zingales L. Does Culture Affect Economic Outcomes?[J]. Journal of Economic Perspectives, 2006, 20(3): 23-48.

[47] Halkos G E, Tzeremes N G. Does the Home Country's National Culture Affect MNCs' Performance? Empirical Evidence of the World's Top

100 East-West Non-financial MNCs [J]. Global Economic Review, 2008, 37(4): 405-27.

[48] Halkos G E, Tzeremes N G. Does the Home Country's National Culture Affect MNCs' Performance? Empirical Evidence of the World's Top 100 East-West Non-financial MNCs [J]. Global Economic Review, 2008, 37(4): 405-427.

[49] Hennart J, Reddy S. The choice between mergers and joint ventures: The case of Japanese Investors in the United States[J]. Strategic Management Journal, 1997, 18(1): 1-12.

[50] Hitt M A, Ireland R D, H oskisson R E. Strategic Management: Competitiveness and Globalization (11th ed.)[M]. Mason, OH: Cengage Learning, 2014.

[51] Hofstede G. The Cultural Relativity of Organizational Practices and Theories[J]. Journal of International Business Studies, 1983, 14(2): 75-89.

[52] Jemison D B, Sitkin S B. Corporate Acquisitions: A process perspective[J]. Academy of Management Review, 1986, 11(1):145-163.

[53] Joshi A M. Lahiri N, Language friction and partner selection in cross-border R&D alliance formation [J]. Journal of International Business Studies, 2015, 46(2): 123-152.

[54] Klitmller A, Lauring J. When global virtual teams share knowledge: Media richness, cultural difference and language commonality[J]. Journal of World Business, 2013, 48(3): 398-406.

[55] Kogut B, Singh H. The Effect of National Culture on the Choice of Entry Mode[J]. Journal of International Business Studies, 1998, 19(3): 411-432.

[56] Li K, Griffin D, Yue H, et al. How does Culture Influence Corporate Risk-taking[J]. Journal of Corporate Finance, 2013, 12(23): 1-22.

[57] Li K, Griffin D, Yue H, et al. National Culture and Capital Structure Decisions: Evidence from Foreign Joint Ventures in China[J]. Journal of International Business Studies, 2011 (42): 477–503.

[58] Madhok A, Keyhani M. Acquisitions as Entrepreneurship: Asymmetries, Opportunities, and the Internationalization of Multinationals from Emerging Economies[J]. Global Strategy Journal, 2012, 2(13): 26–40.

[59] Mcmanus W S, Gould W, Welch F. Earnings of Hispanic men: The role of English language proficiency[J]. Journal of Labor Economics, 1983, 1(2): 101–121.

[60] Miao Y, Zeng Y, Lee J Y. Headquarters Resource Allocation for Inter-Subsidiary Innovation Transfer: The Effect of Within-Country and Cross-Country Cultural Differences[J].Management International Review, 2016, 56(5):665–698.

[61] Morosini P, Shane S, Singh H. National Cultural Distance and Cross-border Acquisition Performance[J]. Journal of International Business Studies, 1998, 29(1): 137–158.

[62] Nahavandi A, Malekzadeh, A R. Acculturation in Mergers and Acquisitions[J]. Academy of Management Review, 1988, 13(1): 43–61.

[63] Nocke V, Yeaple S. Cross-Border Mergers and Acquisitions vs. Greenfield Foreign Direct Investment: The Role of Firm Heterogeneity[J]. Journal of International Economics, 2007, 72(2): 336–365.

[64] Ornaghi C. Mergers and Innovation in Big Pharma[J]. International Journal of Industrial Organization, 2009, 27(1):70–79.

[65] OTT J, Measuring Economic Freedom: Better Without Size of Government[J]. Social Indicators Research, 2018, 135(2): 479–498.

[66] Pendakur K, Pendakur R. Language as Both Human Capital and Ethnicity[J]. International Migration Review, 2002, 36(1): 147–177.

[67] Pervez N G, Byung P. The impact of Turbulent Events on Knowledge

Acquisition[J]. Management International Review, 2012, 52(2): 293-315.

[68] Pholphirul P, Rukumnuaykit P. Does Immigration always Promote Innovation? Evidence from Thai Manufacturers[J]. Journal of International Migration and Integration, 2017, 18(1): 291-318.

[69] Pradhan J, Singh N. Outward FDI and Knowledge Flows: A Study of the Indian Automotive Sector[J]. International Journal of Institutions and Economies. 2009, 1(1): 156-187.

[70] Reus T H, Lamont B T. The double-edged sword of cultural distance in international acquisitions[J]. Journal of International Business Studies, 2009, 40(8): 1298-1316.

[71] Sanna-Randaccio F, Veugelers R. Multinational knowledge spillovers with decentralised R&D: a game-theoretic approach [J]. Journal of International Business Studies, 2007, 38(1): 47-63.

[72] Schwartz S H, Cultural differences across nations: A values perspective [R]. Jerusalem: Hebrew University of Jerusalem, 1994.

[73] Shirodkar V, Konara P. Institutional Distance and Foreign Subsidiary Performance in Emerging Markets: Moderating Effects of Ownership Strategy and Host-Country Experience [J]. Management International Review, 2017, 57(2): 179-207.

[74] Shirodkar V, Konara P. Institutional Distance and Foreign Subsidiary Performance in Emerging Markets: Moderating Effects of Ownership Strategy and Host-Country Experience [J]. Management International Review, 2017, 57(2): 179-207.

[75] Sirgal J I, Licht A N, Schwartz S H. Egalitarianism, Cultural Distance, and FDI: A New Way Approach[J]. Organization Science, 2012, 1(21): 1-11.

[76] Slangen A H, Hennart J F. Do multinationals really prefer to enter culturally distant countries through greenfields rather than

through acquisitions? The role of parent pressure and host-country experience[J].Journal of International Business Studies, 2008, 39(3):472-487.

[77] Spolaore E, Wacziarg R.Long-Term Barriers to the International Diffusion of Innovations[R]. Cambridge, MA: National Bureau of Economic Research, 2011.

[78] Spolaore E, Wacziarg R. The Diffusion of Development[J]. Quarterly Journal of Economics, 2009, 124(2): 469-529.

[79] Stahl G K, Miska C, LEE H-J, et al. The upside of cultural differences [J]. Cross Cultural & Strategic Management, 2017, 24(1): 2-12.

[80] Stahl G K, Voigt A. Do cultural differences matter in mergers and acquisitions? A tentative model and examination[J]. Organization Science, 2008(1): 1-86.

[81] Stiebale J. Cross-border M&As and innovative activity of acquiring and target firms[J]. International Journal of Cross Cultural Management, 2016(99): 1-15.

[82] Triandis H C, The Self and Social Behavior in differing Culture Contexts [J]. Psychological Review, 1989, 96(3): 506-520.

[83] Triandis H C. Dimensions of Culture Variation as Parameters of Organizational Theories [J]. International Studies of Management & Organization, 2016, 12(4):139-169.

[84] Trompenaars F, Asser M N. The Global M&A Tango: How to Reconcile Cultural Differences in Mergers, Acquisitions and Strategic Partnerships (2nd ed.)[J].Human Resource Management International Digest, 2011, 20(7):271-273.

[85] Ucar E, Staer A. Local corruption and corporate social responsibility[J]. Journal of Business Research, 2020, 116(8): 266-282.

[86] Vaara E, Sarala R, Stahl G K. The impact of organizational and

national cultural differences on social conflict and knowledge transfer in international acquisitions[J]. Journal of Management, 2012, 49(1): 1-27.

[87] Vaara E, Tienari J, Ntti S R. The International Match: Metaphors as Vehicles of Social Identity-building in Cross-border Mergers[J]. Human Relations, 2003, 56(4): 419-451.

[88] Vidal-Suárezm, López-Duarte C. Language distance and international acquisitions: A transaction cost approach[J]. International Journal of Cross Cultural Management, 2002, 13(1): 47-63.

[89] Wang T, Bansal P. Social responsibility in new ventures: profiting from a long-term orientation[J]. Strategic management Journal, 2012, 33(10): 1135-1153.

[90] Weber Y, Drori I, Tarba S Y. Culture-performance Relationships in Mergers and Acquisition: the Role of Trust[J]. European Journal of Cross-Cultural Competence and Management, 2012, 2(3): 252-274.

[91] Weber Y. Corporate culture fit and performance in mergers and acquisitions[J]. Human Relations, 1996, 49(9): 1181-1210.

[92] Wells L T. Third World Multinationals: The Rise of Foreign Investments from Developing Countries[M]. MA: MIT Press, 1983.

[93] Wu J, Wang C, Hong J, et al Internationalization and innovation performance of emerging market enterprises: the role of host-country institutional development [J]. Journal of World Business, 2016, 51(2): 251-263.

[94] Yousaf M, Ihsan F. Ellah A, Exploring the impact of good governance on citizens' trust in Pakistan[J]. Government Information Quarterly, 2016, 33(1):200-209.

[95] Zhan J X. Transnationalization and Outward Investment: The Case of Chinese Firms[J]. Transnational Corporations, 1995, 4(3): 432-453.

［96］De Swaan A. 世界上的语言：全球语言系统 [M]. 乔修峰，译. 广州：花城出版社，2008.

［97］Phatak A V，Bhagat R S. 国际管理 [M]. 石永恒，译. 北京：机械工业出版社，2006.

［98］莱斯特 A 怀特. 文化科学 [M]. 曹锦清，等译，杭州：浙江人民出版社，1988.

［99］巴克利·彼得，卡森. 跨国公司的未来 [M]. 冯翊华，译. 北京：中国金融出版社，1976.

［100］小岛清. 对外直接投资论 [M]. 周宝廉，译. 天津：南开大学出版社，1987.

［101］黄新飞，王绪硕，杨子晖. 民族异质性、经济交流与跨国技术溢出 [J]. 经济学，2017（4）：1119-1142.

［102］冼国明，明秀南. 海外并购与企业创新 [J]. 金融研究，2018（8）：155-171.

［103］梁宏，吴映玉，陈松. 新兴市场海外并购的持续创新效果及影响因素研究——来自 A 股上市公司的实证 [J]. 科技进步与对策，2019（3）：76-83.

［104］尹亚红. 海外并购对技术创新有促进作用吗？[J]. 金融经济学研究，2019（5）：137-149.

［105］柯颖，何根源，刘昱影. 逆向外包能提升中国半导体产业创新效率吗？[J]. 科技进步与对策，2021（2）：55-64.

［106］李文璐，于建朝，刘艳华. 社会网络与企业跨国并购绩效关系研究——组织合法性的中介作用及吸收能力的调节作用 [J]. 华北理工大学学报（社会科学版），2021（3）：32-38.

［107］张学勇，柳依依，罗丹，等. 创新能力对上市公司并购业绩的影响 [J]. 金融研究，2017（3）：159-175.

［108］吴先明，张雨. 海外并购提升了产业技术创新绩效吗——制度距离的双重调节作用 [J]. 南开管理评论，2019，22（1）：4-16.

[109] 陈爱贞,刘志彪.以并购促进创新:基于全球价值链的中国产业困境突破[J].学术月刊,2016,48(12):63-74.

[110] 朱治理,温军,李晋.海外并购、文化距离与技术创新[J].当代经济科学,2016,38(2):79-86+127.

[111] 蒋冠宏,蒋殿春.绿地投资还是跨国并购:中国企业对外直接投资方式的选择[J].世界经济,2017,40(7):126-146.

[112] 吴先明,苏志文.将跨国并购作为技术追赶的杠杆:动态能力视角[J].管理世界,2014(4):146-164.

[113] 冼国明,明秀南.海外并购与企业创新[J].金融研究,2018(8):155-171.

[114] 贺晓宇,沈坤荣.跨国并购促进了企业创新能力提升吗?——基于制造业上市公司的微观证据[J].现代经济探讨,2018(7):78-86+98.

[115] 孙江明,居文静.跨国并购对我国企业创新绩效的影响——基于上市公司数据的实证研究[J].世界经济与政治论坛,2019(2):149-172.

[116] 尹亚红.海外并购对技术创新有促进作用吗[J].金融经济学研究,2019,34(3):137-149.

[117] 白洁.对外直接投资的逆向技术溢出效应——对中国全要素生产率影响的经验检验[J].世界经济研究,2009(8):65-69+89.

[118] 朱治理,温军,李晋.海外并购、文化距离与技术创新[J].当代经济科学,2016,38(2):79-86+127.

[119] 高超,黄玖立,李坤望.方言、移民史与区域间贸易[J].管理世界,2019,35(2):43-57.

[120] 刚翠翠,胡海青,李娟伟.语言文化多样性与技术创新:两阶段价值链视角[J].科学学研究,2022,40(7):1314-1327.

[121] 潘越,肖金利,戴亦一.文化多样性与企业创新:基于方言视角的研究[J].金融研究,2017(10):146-161.

[122] 董斌, 刘慧. 企业腐败文化与不当行为: 效应与机制 [J]. 经济评论, 2020 (6): 142-158.

[123] 肖红军, 阳镇, 刘美玉. 企业数字化的社会责任促进效应: 内外双重路径的检验 [J]. 经济管理, 2021, 43 (11): 52-69.

[124] 李文贵. 社会信任、决策权集中与民营企业创新 [J]. 经济管理, 2020, 42 (12): 23-41.

[125] 程博, 邱保印, 殷俊明. 信任文化影响供应商分布决策吗? [J]. 外国经济与管理, 2021, 43 (7): 54-67.

[126] 潘临, 李成艾, 熊雪梅. 社会信任与会计信息可比性 [J]. 审计与经济研究, 2021, 36 (3): 88-98.

[127] 金智, 徐慧, 马永强. 儒家文化与公司风险承担 [J]. 世界经济, 2017, 40 (11): 170-192.

[128] 程博, 宣扬, 郝玉贵. 儒家文化、税收征管强度与企业避税行为 [J]. 现代财经 (天津财经大学学报), 2020, 40 (10): 50-64.

[129] 邹萍. 儒家文化能促进企业社会责任信息披露吗?[J]. 经济管理, 2020, 42 (12): 76-93.

[130] 徐细雄, 李万利. 儒家传统与企业创新: 文化的力量 [J]. 金融研究, 2019 (9): 112-130.

[131] 徐细雄, 李万利, 陈西婵. 儒家文化与股价崩盘风险 [J]. 会计研究, 2020 (4): 143-150.

[132] 潘越, 宁博, 纪翔阁, 等. 民营资本的宗族烙印: 来自融资约束视角的证据 [J]. 经济研究, 2019 (7): 94-110.

[133] 袁媛. "一带一路"倡议对中国企业技术创新的影响研究 [D]. 长沙: 湖南大学, 2021.

[134] 王陈豪, 王轶, 李红波. 宗族文化与企业并购收益 [J]. 会计研究, 2020 (2): 101-116.

[135] 靳小翠. 企业文化会影响企业社会责任吗?——来自中国沪市上市公司的经验证据 [J]. 会计研究, 2017 (2): 56-62+97.

[136] 吴秋生,刘沛.企业文化对内部控制有效性影响的实证研究——基于丹尼森企业文化模型的问卷调查[J].经济问题,2015(7):106-114.

[137] 陈维政,忻蓉,王安逸.企业文化与领导风格的协同性实证研究[J].管理世界,2004(2):75-83+155-156.

[138] 刘明明,肖洪钧,张健东.企业文化要素如何影响绩效?——来自国内建筑企业的实证分析[J].管理评论,2012,24(11):129-138.

[139] 涂玉龙,陈春花.家族性、家族企业文化与家族企业绩效:机制与路径[J].科研管理,2016,37(8):103-112.

[140] 王艳,阚铄.企业文化与并购绩效[J].管理世界,2014(11):146-157+163.

[141] 程博,潘飞,王建玲.儒家文化、信息环境与内部控制[J].会计研究,2016(12):79-84+96.

[142] 唐玮,蔡文婧,崔也光."诚信"文化与企业创新[J].科研管理,2020,41(4):11-22.

[143] 曹清峰,李宏,董朋飞.关税壁垒降低了中国企业海外并购成功率吗?[J].世界经济与政治论坛,2019(2):129-148.

[144] 陈珧.技术获取型海外并购整合与技术创新——基于中国企业和韩国企业的对比研究[J].世界经济研究,2016(8):114-125+137.

[145] 陈珍波.中国上市公司跨国并购经营绩效研究——基于EVA模型[J].经济论坛,2012(10):79-84.

[146] 程时雄,刘丹.企业异质性、东道国特征与对外直接投资进入模式选择[J].经济经纬,2018(7):50-58.

[147] 丁一兵,刘紫薇.中国制造业企业跨国并购能改善微观绩效吗——基于企业异质性和东道国特征的实证检验[J].产业经济研究,

2019（2）：1-12.

[148] 杜若甫，肖春杰. 从遗传学探讨中华民族的源与流 [J]. 中国社会科学，1997（4）：138-145.

[149] 段明明，杨军敏. 文化差异对跨国并购绩效的影响机制研究：一个整合的理论框架 [J]. 科学学与科学技术管理，2011，32（10）：125-133.

[150] 樊琦，杨连星. 文化特征对文化贸易出口二元边际的影响 [J]. 国际贸易问题，2017（12）：108-116.

[151] 冯根福，郑明波，温军，等. 究竟哪些因素决定了中国企业的技术创新——基于九大中文经济学权威期刊和 A 股上市公司数据的再实证 [J]. 中国工业经济，2021（1）：17-35.

[152] 高晶，林曙. 省际边界、方言边界和一价定律 [J]. 金融研究，2018（4）：138-154.

[153] 高照军，武常岐. 制度理论视角下的企业创新行为研究——基于国家高新区企业的实证分析 [J]. 科学学研究，2014，32（10）：1580-1592.

[154] 胡曙虹，杜德斌，范蓓蕾. 中国企业 R&D 国际化：时空格局与区位选择影响因素 [J]. 地理研究，2019，38（7）：1733-1748.

[155] 黄凌云，杨娜，王珏. 文化特征与冲突对中国企业 OFDI 投资策略影响研究 [J]. 国际贸易问题，2014（3）：114-128.

[156] 黄满盈. 中国双边金融服务贸易出口潜力及贸易壁垒研究 [J]. 数量经济技术经济研究，2015，32（2）：3–18+82.

[157] 黄梅波，唐正明，李行云. 投资经验是否影响了中国异质性企业的 OFDI 模式选择 [J]. 国际贸易问题，2019，439（7）：128-141.

[158] 黄新飞，关楠，瞿爱梅. 遗传距离对跨国收入差距的影响研究：理论和中国的实证分析 [J]. 经济学（季刊），2014（4）：4-16.

[159] 黄远浙，钟昌标，叶劲松，等. 跨国投资与创新绩效——基于对外投资广度和深度视角的分析 [J]. 经济研究，2021，56（1）：

138-154.

[160] 蒋冠宏，蒋殿春，蒋昕桐. 我国技术研发型外向FDI的"生产率效应"——来自工业企业的数据[J]. 管理世界，2013（9）：44-54.

[161] 蒋冠宏. 制度差异、文化距离与中国企业对外直接投资风险[J]. 世界经济研究，2015（8）：37-47.

[162] 李钢，孟丽君. 舆论对国际贸易的影响：以美国进口贸易为例[J]. 世界经济，2019，42（8）：146-169.

[163] 李金生，乔盈. 高新技术企业研发团队沟通行为对自主创新绩效的影响——以知识吸收能力为中介变量[J]. 科技进步与对策，2019，37（11）：136-144.

[164] 李梅，吴松. 东道国制度环境与海外并购企业的创新绩效[J]. 中国软科学，2010（11）：137-151.

[165] 李梅，柳士昌. 对外直接投资逆向技术溢出的地区差异和门槛效应[J]. 管理世界，2012（1）：21-33.

[166] 李雪灵，张惺，刘钊，等. 制度环境与寻租活动：源于世界银行数据的实证研究[J]. 中国工业经济，2012（11）：84-96.

[167] 林建浩，赵子乐. 均衡发展的隐形壁垒：方言、制度与技术扩散[J]. 经济研究，2017（9）：182-197.

[168] 刘建军. 思维方式差异与中西文化的不同特性[J]. 上海交通大学学报（哲学社会科学版），2021，29（2）：117-128.

[169] 刘威，闻照. 遗传距离对跨国并购后的企业创新有影响吗？——基于中国上市公司数据的实证检验[J]. 世界经济研究，2021（1）：91-103+135-136.

[170] 刘彦. 我国上市公司跨国并购绩效实证分析[J]. 商业研究，2011（6）：106-111.

[171] 刘毓芸，徐现祥，肖泽凯. 劳动力跨方言流动的倒U型模式[J]. 经济研究，2015（10）：134-162.

[172] 刘云海，聂飞. 中国制造业对外直接投资的空心化效应研究 [J]. 中国工业经济，2015（4）：83-96.

[173] 毛其淋，许家云. 中国企业对外直接投资是否促进了企业创新 [J]. 世界经济，2014（8）：98-125.

[174] 孟庆斌，师倩. 宏观经济政策不确定性对企业研发的影响——理论与经验研究 [J]. 世界经济，2017，40（9）：75-98.

[175] 倪中新，花静云，武凯文. 我国企业的"走出去"战略成功吗？——中国企业跨国并购绩效的测度及其影响因素的实证研究 [J]. 国际贸易问题，2014（8）：156-166.

[176] 沙文兵，李莹. OFDI 逆向技术溢出、知识管理与区域创新能力 [J]. 世界经济研究，2018（7）：80-94.

[177] 唐宜红，俞峰，王晓燕. 全球知识搜索与企业创新——东道国选择之困 [J]. 科研管理，2019，40（4）：213-223.

[178] 王蓓，蒋琳瑶. "一带一路"背景下中国企业海外并购的劳动法律风险及防范 [J]. 山东财经大学学报，2018（6）：5-12.

[179] 王根蓓. 区位优势及双边贸易—文化—政治关联度与中国对外直接投资 [J]. 经济与管，2013（4）：36-44.

[180] 王海军，奚浩彬，邢华. 管理者从政经历增加了国企的海外并购倾向吗？——来自上市公司的经验证据 [J]. 世界经济研究，2021（4）：70-87+135-136.

[181] 王进猛，徐玉华，易志高. 文化距离损害了外资企业绩效吗 [J]. 财贸经济，2020，41（2）：115-131.

[182] 王麓锋. 文化距离对中国企业投资"一带一路"国家的影响 [J]. 当代经济，2018（11）：11-20.

[183] 王艳，李善民. 社会信任是否会提升企业并购绩效？[J]. 管理世界，2017（12）：125-140.

[184] 王玉泽，罗能生，刘文彬. 什么样的杠杆率有利于企业创新 [J]. 中国工业经济，2019（3）：138-155.

[185] 魏浩, 袁然. 国际人才流入与中国企业的研发投入 [J]. 世界经济, 2018, 41（12）: 144-166.

[186] 温忠麟, 叶宝娟. 中介效应分析: 方法和模型发展 [J]. 心理科学进展, 2014, 22（5）: 731-745.

[187] 吴先明, 苏志文. 将跨国并购作为技术赶超的杠杆: 动态能力视角 [J]. 管理世界, 2014（4）: 146-164.

[188] 熊名宁, 汪涛. 文化多样性会影响跨国企业的经营绩效吗？——基于动态能力理论的视角 [J]. 经济管理, 2020, 42（6）: 61-78.

[189] 薛安伟. 跨国并购提高企业绩效了吗——基于中国上市公司的实证分析 [J]. 经济学家, 2017（6）: 88-95.

[190] 杨勇, 梁辰, 胡渊. 文化距离对中国对外直接投资企业经营绩效影响研究 [J]. 国际贸易问题, 2018（6）: 27-40.

[191] 姚惠泽, 张梅. 要素市场扭曲、对外直接投资于中国企业技术创新 [J]. 产业经济研究, 2018（6）: 22-35.

[192] 余鹏翼, 王满四. 国内上市公司跨国并购绩效影响因素的实证研究 [J]. 会计研究, 2014（3）: 64-70.

[193] 张萃. 外来人力资本、文化多样性与中国城市创新 [J]. 世界经济, 2019, 42（11）: 172-192.

[194] 张航, 范子英, 杨现领. 方言、文化认同与住房市场交易 [J]. 经济学（季刊）, 2021, 21（2）: 693-712.

[195] 张娟, 李培馨, 陈晔婷. 地理距离对企业跨国并购行为是否失去了影响？[J]. 世界经济研究, 2017（5）: 51-61+77+136.

[196] 赵宸宇, 李雪松. 对外直接投资与企业技术创新: 基于中国上市公司微观数据的实证研究 [J]. 国际贸易问题, 2017（6）: 105-116.

[197] 赵晶, 王根蓓. 创新能力、所有权优势与中国企业海外市场进入模式选择 [J]. 经济理论与经济管理, 2013（2）: 100-111.

[198] 赵龙凯, 岳衡, 矫堃. 出资国文化特征与合资企业风险关系探究 [J].

经济研究，2014（1）：70-82.

[199] 赵子乐，林建浩. 经济发展差距的文化假说：从基因到语言 [J]. 管理世界，2017（1）：65-77.

[200] 朱勤，刘垚. 我国上市公司跨国并购财务绩效的影响因素分析 [J]. 国际贸易问题，2013（8）：151-161.